The Dynamics of Interpersonal Trust in Organizations

组织内人际信任演化机制

宋 瑜　胡肖然 ◎著

东南大学出版社
SOUTHEAST UNIVERSITY PRESS
·南京·

图书在版编目(CIP)数据

组织内人际信任演化机制 / 宋瑜,胡肖然著.
— 南京：东南大学出版社，2024.6
ISBN 978-7-5766-1397-1

Ⅰ.①组… Ⅱ.①宋… ②胡… Ⅲ.①人际关系-研究 Ⅳ.①C912.11

中国国家版本馆 CIP 数据核字(2024)第 081678 号

责任编辑：叶　娟　　　责任校对：周　菊
封面设计：王　玥　　　责任印制：周荣虎

组织内人际信任演化机制
Zuzhi Nei Renji Xinren Yanhua Jizhi

著　　者	宋瑜　胡肖然
出版发行	东南大学出版社
社　　址	南京市四牌楼 2 号　邮编:210096
出 版 人	白云飞
网　　址	http://www.seupress.com
电子邮件	press@seupress.com
经　　销	全国各地新华书店
印　　刷	广东虎彩云印刷有限公司
开　　本	700mm×1000mm　1/16
印　　张	12
字　　数	209 千字
版　　次	2024 年 6 月第 1 版
印　　次	2024 年 6 月第 1 次印刷
书　　号	ISBN 978-7-5766-1397-1
定　　价	59.00 元

本社图书若有印装质量问题，请直接与营销部调换。电话(传真):025 - 83791830

前　言

信任是一个从古至今始终在持续进行的话题。信任存在于"仁义礼智信"的立身道德标准之中,体现于"国之宝也"公信力的核心之中,奠定于社会繁荣的基石之中。信任还能够同时内嵌于"差序格局"的熟人社会和"团体格局"的陌生人社会之中。信任之所以无处不在,并被不断选择,是因为从发展的视角来看,人类一直都在致力于努力消除风险,并力求确定性,而信任作为复杂性简化机制,是人类应对风险的一个必选项。

随着时代的发展和技术的更新,信任的边界在不断地拓宽:人际信任、组织信任、国家信任、制度信任、文化信任、人机信任等;但信任也面临前所未有的挑战与质疑:面对个体冷漠、族群撕裂、国家阋墙、隐私泄露、算法霸权、AI换脸等现象,作为复杂性简化机制的信任是否"失灵"了?

其实,上述一系列问题暴露的是"信任的脆弱性"。信任功效的发挥,需要建构"具有内在稳定性和韧性的信任以应对外在的不确定性"。这就需要我们用整合和动态的视角去回顾过往,展望未来,探寻信任演化的内在规律和动力机制。

但是,长久以来,学界对于信任问题的讨论主要集中在两个方面:一是关注信任的建立;二是关注信任的修复。由于信任韧性和稳定性的塑造需要经历一定的挫折和动荡的打磨与淬炼,因而现有的"建立"与"修复"两个方面各自独立的研究将不利于探讨信任稳定性的构建。因此,本书的研究初衷是尝试将信任的建立和修复整合起来,从信任演化系统性的"建立—破裂—修复"全周期视角来探索这一问题。

人际信任作为人类社会活动的基础,是各类信任产生和发展的基础。例如,构建人类命运共同体首先就需要建立起人与人之间最基本的信任;当下人们与 AI 互动的日益深入反而激发起个体社会联结的基本需求,人们对人际信任的依赖更为突出。因此,为了将"建构具有韧性和稳定性的信任"这一宏大研究问题情景化和具体化,本书选取组织内的上下级关系作为情景背景,从人际互动的层面探讨如何打造具有韧性和稳定性的上下级间高质量信任关系。

本书的写作分四个部分,通过分别探讨信任全周期演化中的"快与慢"现象(建立的快与慢、破裂的快与慢、修复的快与慢),以及信任螺旋中"量变"(信任引发信任的向上螺旋、不信任导致不信任的向下螺旋)与"质变"(认知信任与情感信任之间的转化)的转变过程,阐述信任演化的动力机制,以及建构具有韧性和稳定性的信任之路径和方法。

首先,第3章在第2章概念定义和文献综述的基础上,采用扎根理论和案例分析相结合的方法,对组织中的个体在推进上下级信任关系建构过程中的"快与慢"现象进行了考察。在职场中,有些上下级间可以一拍即合,有些却需要长时间的接触与了解;同时,有些信任可以在某一事件发生后一落千丈,有些却是在日积月累的摩擦中消耗殆尽。此时,如果个体需要继续维持或修复这段信任关系,有些可以做到一笑泯恩仇,有些却需要精心处理。该章通过采用理论和案例分析相结合的方法,梳理了信任在"建立—破裂—修复"的三阶段演化中的"快与慢"特征,厘清了"快与慢"之间的差异与联系,初步实现了全观信任演化周期。

接着,第4章在第3章先导性研究的基础上,采用社会信息加工理论对信任的"快与慢"两种演化模式进行了深入剖析,理论推导了两种模式背后的演化路径,指出了信任螺旋中"量变"的核心机制,提出了信任演化周期的双路径整合模型:用自动加工和系统加工的双路径动力阐述了信任演化中的各项因素的相互作用,揭示了隐藏在信任演化背后的"激活—确认"循环信息加工机制;同时,指出了社会信息加工机制的关键不仅在于个体是环境的有机适应体(通过收集信息来调整态度与行为),而且在于个体是环境的有机解释体(通过对社会信息的解读与诠释来调整态度与行为)。

然后,在完成了对信任全周期演化动力机制的探究、解释了信任"快与慢"以及"量变"发生的作用机制后,为了能够更进一步探讨如何建构具有韧性和稳定性的信任,本书的第5章到第7章阐述了信任实现稳定性演化和去稳定性演化的内在机制,即在信任上升螺旋和下降螺旋的"量变"研究基础上,进一步研究了信任的"质变"——信任升级和信任降级。

第5章采用"三阶段的领导-下属1对1配对纵向问卷调研法"对上下级间信任实现稳定性演化的升级机制进行了讨论,深化了Lewicki et al.(1996)提出的信任发展之"算计—了解—认同"三阶段递进模型,把基于对能力认可的认知信任设为上下级间的信任起点,将升级后的信任设为基于真挚关怀的情感信任。以认知信任为基础发展而来的情感信任不仅包含了双方间的情感依恋纽带,而且拥有坚实的理性认知基础。它不是由单纯的情感驱动所产生(易变且脆弱),而是由在理性认可基础上逐步融入情感的依恋与关怀演变而来。它是持久稳定的高质量上下级关系不可或缺的一部分,能够帮助上下级共同提升与成长。

第6章在第5章实证研究的基础上,采用"棉花糖挑战"任务的"单因素组间团队实验法",进一步补充验证上下级间从认知信任升级为情感信任的因果转化机制。

第7章采用"三阶段纵向问卷调研法",探讨了上下级间信任的去稳定性演化(即信任降级机制)。信任降级的诱因在于上下级间感知到情感信任的不一致性,进而引发个体对于曾经建构的社会现实的怀疑,并将这种怀疑蔓延至认知领域,损害认知信任。该章的研究进一步证实了以表层相似性为基础的情感信任的脆弱性,以及具有稳定性的信任是以认知为基础,挖掘彼此间的深层相似性,从而逐渐实现情感满足的信任。

最后,第8章对全书的研究进行了概括和总结。

本书以组织中的上下级关系为研究背景,以社会信息加工理论为基础,从信任演化系统性的全周期视角探寻信任演化的动力机制,意在厘清并阐释信任演化的三阶段特征,诠释信任演化中的"快与慢"现象,以及信任螺旋演化中的"量变"与"质变",形成对信任演化背后的动力机制的规律性认识,为打造具有韧性和稳定性的高质量人际信任关系提供路径和方法,系统回答"如何建构具有韧性和稳定性的信任以应对外在不确定性"这一时代的信任问题与挑战。

本书的研究结果主要表现在三个方面。

首先,基于扎根理论和案例分析相结合的方法,通过对开放式问卷收集到的102份MBA学员案例的数据分析,讨论了信任演化中的"快与慢"现象,整合提炼了信任演化三阶段,归纳总结了组织中的个体在推进上下级信任关系建构的方式上存在的"渐进"和"急速"两种模式。前者以不确定性回避和韧性为特征,演化轨迹相对缓和、平稳和光滑;后者以敏感性和灵活性为特征,演化轨迹相对剧烈和陡峭。并且,渐进模式与急速模式之间并非完全独立,二者能够相互影响、共同作用于信任演化。

其次,基于信任双模式概念模型和社会信息加工理论,通过理论建构,提出了信任演化三阶段的双路径整合模型,用自动加工和系统加工的双路径动力阐述信任演化中多项因素的相互作用,揭示隐藏在信任演化背后的"激活—确认"循环信息加工机制。自动加工不仅是个体自证预言的过程,而且是个体基于已有积极预期进行的内在有偏编码过程;系统加工是一个双方共同参与的互动过程,积极预期的设定促使个体展示出信任行为,进而期待并观察对方的行为,从而进行判定和解读,完成态度确认。不论是自动加工还是系统加工,"激活—确认"的循环信息加工机制贯穿于信任演化全过程,社会信息的累积、迭代与更新是信任动态扩展或收缩的动力。不同演化阶段的不同社会信息量铸就了不同程度的信任倾向强度和积极预期水平,从而实现了信任演化进程中的更新与迭代,实现了信任的或维持或加强或修正的上升或下降螺旋。

最后,基于对信任"量变"的研究,探讨了信任升级和降级的"质变"过程。在现代组织中,个体习惯用理性的眼光来审视问题。即便是信任,人们也更倾向于对个体的绩效、能力或技能等方面产生感知,即认知信任。不过,理性并非个体行为的全部动力,在满足理性需求之后,个体仍然需要获得情感上的满足。基于认知信任建立的情感信任是一种高质量的稳定信任,其不同于一般的、以表层相似性为基础的情感信任,它是以理性为基础的情感满足。这种信任是在相互学习和共同成长的氛围中建立起具有深层相似性的情感信任,它能够帮助个体有效应对外在的不确定性,形成个体间的核心凝聚力。本书的研究证实,从认知信任到情感信任的升级是一条长路径,需要通过个体的认知互嵌行为和关系依恋才能得以实现。也正是因为需要经过长路径的探索与升华,才使得升级后的情感信任更加稳固。然而,如若个体间从一开始就建立了情感信任,则这种信任通常会比较脆弱;如果情感信任得不到与之相匹配的回应,即情感信任与被信任感不一致,则它会使个体产生自我损耗,进而蔓延腐蚀认知信任。较之于从认知信任到情感信任升级的长路径,从情感信任到认知信任的降级仅需要一条短路径即可完成。信任的升级与降级机制正是反映了组织中的个体对于感性与理性的需求,以及它们之间的相互作用机制。

本书的学术价值主要体现在三个方面。

第一,对人际信任动力学的深化与丰富。透过系统的全周期视角去洞见信任演化中一以贯之的动力机制与规律,不仅弥补了学界长期以来对信任演化分阶段的割裂研究所导致的缺憾,而且有助于推动信任研究朝着动态化、整合化与系统化的方向发展。

第二,对社会信息加工理论的拓展与延伸。将社会信息加工理论的基本前提假设——个体是环境的"适应有机体"——扩展为个体是环境的"解释有机体"。人与动物都是环境适应体,但人与动物的区别在于,人是能够通过解释赋予社会信息以意义的,并根据自身对社会信息的诠释——而非社会信息本身——调整自己的态度或行为。

第三,对领导-成员交换理论的扩充与发展。上下级间高质量关系的建立不仅是领导-成员交换理论所述的、双方基于期望进行的彼此间关于信息和资源的社会交换,而且是本书提出的、双方能够通过互动实现的彼此在认知上的相互影响,共同探索和开发彼此间的潜能,同时从这段关系中获得成长与提升的过程。

本书的研究工作起源于关于人际动力学的理论探讨,成稿于结合实践的观察与思索,尤其是东南大学的有关创新创业教育社会实践活动(例如"寻访东大创业者、探索团队领导力"系列企业调研和创业者访谈)。对国金投资、三宝科技、芯朋微电子、达斯琪、途牛股份等数十家东大系创业公司高管团队的面对面访谈及实地调研亦是本研究的重要组成部分。

本书的研究工作得到了众多前辈、同行和朋友的扶助、支持和鼓励,尤其是中央财经大学于广涛教授和东南大学领导力研究团队;得到江苏省社会科学基金和江苏省"双一流"建设补助经费的资助。

在人工智能等科技蓬勃发展,自然人、机器人和数智人都成为"劳动者"的新时代,"信任"无论从特性还是功效等方面看都面临着许多前所未有甚至颠覆性的新问题。希望本书能带给读者一些思考和启迪,同时也欢迎更多的学者加入信任研究的队伍中来,在新的时代背景下,赋予经典的信任问题以富有时代精神和中华文化底蕴的答案,让信任研究发出更多的中国声音,向世界奉献中国智慧。研究未有穷期,前景依旧迷人!

Preface

Trust has been a timeless and enduring topic since ancient times. It underlies the traditional Chinese moral standards of "benevolence, righteousness, manners, wisdom, and trustworthiness", finds embodiment in the core of national credibility, and serves as the cornerstone of social prosperity. Trust can be embedded simultaneously in the acquaintance society of the 'Oder of Stratified Closeness' and the stranger society of the 'Oder of the Solidarity Group'. Trust is ubiquitous and constantly chosen because, from a developmental perspective, humans always endeavor to eliminate risk and strive for certainty, and trust, as a mechanism for the reduction of social complexity, is a necessary option for humans to cope with risk.

As time develops and technology advances, the boundaries of trust have continued to broaden: interpersonal trust, organizational trust, national trust, institutional trust, cultural trust, human-machine trust, etc. However, unprecedented challenges—individual indifference, ethnic cleavage, national rivalries, privacy leakage, algorithmic hegemony, AI face-switching, among others—have arisen, raising the question of whether trust, as a mechanism for reduction of social complexity, has 'failed'?

In fact, these challenges expose the fragility of trust. In order for trust to work, it requires us to construct trust with internal stability and resilience to cope with external uncertainty. This asks us to review the past and look into the future from an integrated and dynamic perspective, and to explore the internal law and dynamic mechanism of trust evolution, so that we can systematically answer the question of how to construct trust with stability and resilience.

However, for a long time, the academic discussion on trust has focused mainly on two aspects: trust building and trust repair. Since the shaping of trust resilience and stability needs to be polished and tempered through certain setbacks and turbulence, so dividing these aspects from each other is detrimental to the exploration of constructing the stability of trust. As such, this book aims to integrate trust building and repair, and systematically explore trust evolution from the perspective of the whole trust cycle of the "building—breaking-repair".

Interpersonal trust, as the foundation of human social activities, is the basis for the emergence and development of various types of trust. For example, to build a community with a shared future for mankind, it is necessary to establish basic interpersonal trust in the first place; nowadays, the increasingly deeper interaction between people and AI has stimulated the fundamental need for individual social connection, and people's reliance on interpersonal trust has become even more prominent. Therefore, in order to contextualize and concretize the grand research question of constructing resilient and stable trust, this book chooses the supervisor-subordinate relationship in organizations as the research background, and explores how to build a high-quality trust relationship between supervisors and subordinates with resilience and stability on the interpersonal level.

This book is divided into four parts to elaborate on the dynamics of interpersonal trust, and provide ways to construct resilient and stable trust by exploring the phenomena of "fast and slow" in the trust cycle (fast/slow building, fast/slow breaking, and fast/slow repair), as well as the "quantitative changes" in the trust spiral (trust breeds trust; distrust evokes distrust) and "qualitative changes" (the transformation between cognitive trust and affective trust).

First of all, Chapter 3, as a pilot study of this book, based on the concept definitions and Literature review of Chapter 2, examines the trust phenomenon of "fast and slow" in constructing superior-subordinate relationships. In the workplace, some supervisors and subordinates can instantly get along with each other, while others need a long period of interaction and understanding;

at the same time, trust in some relationships can be destroyed after only one event, while trust in other relationships is depleted over time; at this time, if individuals need to continue the trust relationship, someone can quickly achieve this by "letting bygones be bygones with a smile", while others need a long time to gradually repair the broken trust. For the above phenomenon, this chapter adopts a combination of grounded theory and case study to identify the characteristics of "fast and slow" in the trust cycle, clarify the differences and connections between "fast and slow", and provide a preliminary overview of the trust cycle.

Then, on the basis of the pilot study in Chapter 3, Chapter 4 adopts the social information processing theory to analyze the "fast and slow" of the trust cycle, inducts two theoretical paths, figures out the core mechanism of the "quantitative changes" in the trust spiral, and proposes an integrative model of the interpersonal trust cycle. We put forward the "activation-confirmation" cyclic information processing mechanism of trust based on the dual-path of automatic and systematic processing. We further highlight that the key to the social information processing mechanism lies not only in the fact that the individuals are adaptive organisms of the environment, adjusting their attitudes and behaviors by collecting social information, but also in the fact that they are interpretive organisms, adjusting their attitudes and behaviors by interpreting social information.

After completing the exploration of the interpersonal dynamics of the trust cycle, and explaining the "fast and slow" and "quantitative changes" of the trust cycle, in order to further explore how to construct a resilient and stable trust, we continue to uncover the mechanism of stability and de-stability of trust dynamics in Chapters 5~7. That is, on the basis of the above study of the "quantitative changes" in the upward and downward trust spirals, we further explore the "qualitative changes" of trust upgrading and downgrading.

In Chapter 5, utilizing a multiwave and multisource field survey of leader-follower dyads, we explore how to realize trust stability by investigating trust upgrading. Based on Lewicki and Bunker's (1996) three-stage model of trust development (i. e. , calculus-, knowledge-, and identification-based trust), cognitive trust—grounded in individual beliefs on trustee ability and reliability—is set as the starting point of trust between superiors and subordinates, and affective trust—grounded in reciprocal interpersonal care and concern—is set as the upgraded trust. Affective trust developed from cognitive trust, not only contains emotional attachment between two parties, but also has a solid rational cognitive foundation. Far from being driven by fickle or fragile emotions, this affective trust is gradually forged through a combination of rationality and affect. It is an indispensable ingredient of lasting and stable high-quality relationships, and can help supervisors and subordinates improve and grow together.

In Chapter 6, based on the survey in Chapter 5, we conduct a scenario experiment of the marshmallow challenge to complementarily verify the causal transformation mechanism of trust upgrading from cognitive trust to affective trust between supervisors and subordinates, thereby making up for the limitations of the questionnaire design in Chapter 5.

In Chapter 7, utilizing a three-wave field survey, we discuss the mechanism of de-stability trust by investigating trust downgrading. We discovered that trust downgrading is triggered by the perceived inconsistency of affective trust between supervisors and subordinates, which in turn elicits skepticism about the constructed social reality, that is, ego depletion. Such skepticism then spreads to the cognitive domain, damaging cognitive trust. This chapter further confirms the vulnerability of affective trust based primarily on surface similarities and demonstrates that the stable trust is a type of affective trust based on cognition, which gradually achieves emotional fulfillment by exploring deep similarities between the parties.

Finally, the full study is discussed and concluded in Chapter 8.

Adopted the supervisor-subordinate relationship in organizations as the research background and drawn on the social information processing theory, this book explores interpersonal trust dynamics from the perspective of the trust cycle, explains the phenomenon of "fast and slow" of trust dynamics, as well as the "quantitative changes" and "qualitative changes" of trust spirals, forms an understanding of the dynamic mechanism of the trust cycle, provides ways for building high-quality interpersonal trust relationships with resilience and stability, and systematically responds to the critical challenge of trust: how to construct trust with resilience and stability to cope with external uncertainty.

The main points of this book are threefold. First, this book collects case data from 102 MBA students through open-ended questionnaires, analyzes the phenomenon of "fast and slow" of trust evolution by combining grounded theory and case study, integrates the three stages of the trust cycle, and inductively summarizes two patterns of trust dynamics. One is the gradual pattern characterized by uncertainty avoidance and resilience, with a relatively gentle and smooth trajectory; the other is the rapid pattern characterized by sensitivity and flexibility, with a relatively rough and steep trajectory. The gradual and rapid modes can influence each other and work together in the trust dynamics, rather than being independent from each other.

Second, based on the above dual-mode conceptual model of trust dynamics and social information processing theory, we propose a dual-path integration model of the trust cycle through theory development. We utilize the dual-path model of automatic and systematics processings to elaborate on the interaction of various factors in trust dynamics and reveal the "activation-confirmation" cyclic information processing mechanism. Automatic processing is the process of self-fulfilling prophecy, which is an internally biased coding process based on existing positive expectations. Systematic processing is an interactive process involving both parties, in which the setting of positive expectations prompts the individual to display trusting behaviors, after which the individual forms expectations and observes the behavior of the other party to judge and interpret them and then confirm their attitudes. Whether automatic or systematic processing, the cyclic information processing mechanism of "activation-confirmation" runs throughout the trust cycle, and the accumulation, iteration, and updating of social information are the driving forces of the expansion or contraction of trust dynamics. Different social information at different stages creates different levels of trust propensity and positive expectations, thus achieving renewal and iteration in the process of trust evolution, realizing either the maintenance, enhancement, or modification of trust in an upward or downward spiral.

Finally, based on the above study of the "quantitative changes" in trust dynamics, we explore the "qualitative changes" in trust upgrading and downgrading. In modern organizations, individuals are accustomed to viewing problems rationally. Even in the case of trust, people are more inclined to perceive an individual's performance, abilities, or skills, i. e., cognitive trust. However, rationality is not the only driving force of individual behavior; when rational needs are met, individuals are eager to obtain emotional satisfaction. Affective trust based on cognitive trust is a kind of high-quality and stable trust, which differs from general affective trust based on surface similarities, and it is a form of emotional satisfaction based on rationality. This kind of trust is established in an atmosphere of mutual learning, sharing of deep similarities, and joint growth, which can help individuals effectively deal with external uncertainty and form cohesion. Our results confirm that the upgrading of cognitive trust to affective trust takes a long path, realized through cognitive mutual-embeddedness behavior and relational attachment. It is precisely because of the need to go through the exploration and sublimation of the long path that makes upgraded affective trust more solid. However, when affective trust is immediately established at the beginning, it tends to be more fragile; when affective trust is not matched between two parties—i. e., affective trust is inconsistent with felt trust—individuals undergo ego depletion, which then erodes cognitive trust. In contrast to the long path of upgrading from cognitive to affective trust, downgrading from affective to cognitive trust takes only a short path. The upgrading and downgrading mechanisms of trust dynamics reflect individuals' needs for emotionality and rationality in organizations.

The academic value of this book is mainly reflected in three aspects.

First, we deepen and enrich the literature on interpersonal trust dynamics. It provides insights into the mechanism and law of the trust cycle. It not only compensates for the limitations of perspectives segmenting the trust cycle, but also promotes trust dynamics research into the direction of dynamics, integration, and systematization.

Second, we extend social information processing theory. The basic assumption of this theory is that individuals are adaptive organisms of the environment, we extend this assumption by claiming that individuals are also interpretive organisms of the environment. Both humans and animals are environmentally adaptive organisms, but their difference lies in the ability of the former to interpret and give meaning to social information. Humans adjust their attitudes or behaviors according to their own interpretation of social information, rather than the social information itself.

Third, we initiate a dialogue with the leader-member exchange theory. We found that high-quality relationships between supervisors and subordinates are established based not only on what leader-member exchange theory would have as the social exchange of information and resources with each other but also on mutual cognitive influence, in which both parties explore each other's potential together, growing and improving together.

This book has its origins in theoretical discussions on interpersonal dynamics, honed and deepened over time through the observation and consideration of practice. It incorporates ideas from interviews with top management teams of companies started by Southeast University alumni, including Guojin Capital Co., Ltd., Sample Technology Co., Ltd., Chipown Co., Ltd., DSeeLab Hologram, and Tuniu.com. All these interviews were conducted during the social practice activities focusing on innovation and entrepreneurship, "Visiting Entrepreneurs of Southeast University, Exploring Team Leadership".

This book was assisted, supported, and encouraged by many seniors, peers, and friends, especially Professor Guangtao Yu of the Central University of Finance and Economics and the leadership research team of Southeast University. It was funded by the Social Science Fund of Jiangsu Province and the Jiangsu Province's "Double First-Class University Plan" Construction Subsidy Fund.

In the new era where artificial intelligence and other technologies are booming, such that humans, robots, and digital intelligence are becoming "laborers", the topic of trust is facing many unprecedented and even new subversive challenges to both its characteristics and effectiveness. We hope this book provides readers with some insights and enlightenment. More scholars are invited to continue the research on trust to further our insights into classical trust issues in the context of the present era, guided by the spirit of the times and Chinese cultural traditions, to increase Chinese voices in the field, and foster the contributions of Chinese wisdom to the worldwide research on trust. The work does not end, and the research prospects of trust remain fascinating!

目 录

第1章 绪论：人际信任的演化及意义 ·········· 001
    1.1 研究背景与意义 ·········· 003
    1.2 研究内容与创新 ·········· 005
    1.3 章节安排 ·········· 007

第2章 概念定义及文献综述 ·········· 009
    2.1 信任建立的相关研究 ·········· 011
    2.2 信任破裂的相关研究 ·········· 014
    2.3 信任修复的相关研究 ·········· 017
    2.4 信任演化各阶段的联系 ·········· 019
    2.5 信任演化研究综合述评 ·········· 021

第3章 上下级间人际信任关系建构的时序特征 ·········· 025
    3.1 研究方法与过程 ·········· 027
    3.2 研究发现 ·········· 031
    3.3 研究发现讨论 ·········· 049
    3.4 本章小结 ·········· 050

第4章 社会信息加工理论和人际信任演化整合模型 ·········· 053
    4.1 社会信息加工理论简介 ·········· 055
    4.2 基于社会信息加工理论的人际信任演化整合模型 ·········· 056
    4.3 进一步的研究设计 ·········· 063

第5章 上下级间信任的稳定性演化机制（1）：问卷研究 ·········· 065
    5.1 理论背景与研究假设 ·········· 069
    5.2 研究方法 ·········· 073
    5.3 分析结果 ·········· 076
    5.4 研究结果讨论 ·········· 084
    5.5 本章小结 ·········· 085

第6章　上下级间信任的稳定性演化机制(2)：实验研究 ··········· 087
6.1　理论背景与研究假设 ······················ 089
6.2　研究方法 ······························ 091
6.3　分析结果 ······························ 094
6.4　研究结果讨论 ···························· 099
6.5　本章小结 ······························ 101

第7章　上下级间信任的去稳定性演化机制 ··············· 103
7.1　理论背景与研究假设 ······················ 106
7.2　研究方法 ······························ 108
7.3　分析结果 ······························ 110
7.4　研究结果讨论 ···························· 115
7.5　本章小结 ······························ 117

第8章　总讨论 ···································· 119
8.1　理论贡献 ······························ 122
8.2　实践意义 ······························ 125
8.3　前景展望 ······························ 126
8.4　研究结论 ······························ 128

附录　专业名词索引 ································ 131

参考文献 ·· 141

Contents

Chapter 1 Introduction: The Dynamics and Significance of Interpersonal Trust ·············· 001

    1.1 Research background and significance ··················· 003

    1.2 Research contents and innovation ····················· 005

    1.3 A brief outline of each chapter ······················· 007

Chapter 2 Concept Definitions and Literature Review ··················· 009

    2.1 Trust building ··· 011

    2.2 Trust violation ·· 014

    2.3 Trust repair ·· 017

    2.4 The connections between the stages of trust cycle ········ 019

    2.5 A comprehensive review of trust cycle ··············· 021

Chapter 3 The Sequential Characteristics of Interpersonal Trust Dynamics Between Superiors and Subordinates ················ 025

    3.1 Methods and Processes ····························· 027

    3.2 Fingdings ··· 031

    3.3 Discussion ·· 049

    3.4 Summary ··· 050

Chapter 4 The Social Information Processing Theory and an Integrative Model of Interpersonal Trust Dynamics ················ 053

    4.1 A brief description of the social information processing theory ··················· 055

    4.2 An integrative model of interpersonal trust cycle based on the Social Information Processing theory ············· 056

    4.3 Further research design ······························ 063

Chapter 5　The Stability Mechanism of Trust Dynamics Between Superiors and Subordinates (1): A Survey Study ……………… 065

    5.1　Theory development and hypothesis …………………… 069
    5.2　Method ……………………………………………………… 073
    5.3　Results ……………………………………………………… 076
    5.4　Discussion …………………………………………………… 084
    5.5　Summary …………………………………………………… 085

Chapter 6　The Stability Mechanism of Trust Dynamics Between Superiors and Subordinates (2): An Experimental Study ……………… 087

    6.1　Theory development and hypothesis …………………… 089
    6.2　Method ……………………………………………………… 091
    6.3　Results ……………………………………………………… 094
    6.4　Discussion …………………………………………………… 099
    6.5　Summary …………………………………………………… 101

Chapter 7　The De-Stability Mechanism of Trust Dynamics Between Superiors and Subordinates ……………………………………………… 103

    7.1　Theory development and hypothesis …………………… 106
    7.2　Method ……………………………………………………… 108
    7.3　Results ……………………………………………………… 110
    7.4　Discussion …………………………………………………… 115
    7.5　Summary …………………………………………………… 117

Chapter 8　General Discussion ……………………………………………… 119

    8.1　Theoretical contribution ………………………………… 122
    8.2　Practical implications …………………………………… 125
    8.3　Future Prospects ………………………………………… 126
    8.4　Conculsions ……………………………………………… 128

Appendix　Subject Index ………………………………………………… 131

References ……………………………………………………………………… 141

第 1 章

绪论:人际信任的演化及意义

Chapter 1　Introduction: The Dynamics and Significance of Interpersonal Trust

第1章 绪论：人际信任的演化及意义

信任(Trust)是人类文明发展史中的一项重要主题。王朝的兴衰、经济的起落、道德的得失以及人心的向背，都与信任息息相关。特别是当下，面对百年未有之大变局，国内外政治经济形势日趋复杂，罕见的新冠疫情在不断重塑各国的发展轨迹，加之新技术的不断涌现等多重因素交织在一起，使得当今世界的组织与企业均面临前所未有的不确定性和挑战。此时，信任的作用显得尤为重要。信任不仅是存在于人性中的朴素意识，更是理性和感情融为一体的呈现方式之一，代表着人际互动中对简约和高效的追求。但是，信任的建构从来不是一蹴而就的，会经历试探、错位、背叛与调整等波折，需要在不断的错位与调整中逐步建构起来。信任活力的释放需要我们充分理解和掌握信任演化规律，让信任能够以内在的确定性来应对外在的不确定性。

1.1 研究背景与意义

自古以来，信任就在人们的社会生活互动中扮演着至关重要的角色，对信任的探讨也成为民族文化、特别是中华文化的精华而被传承。例如，《论语·颜渊》子贡问政中有言，"民无信不立"，管理者治理国家的要义在于获得百姓的信任，否则难以立足；《论语·公冶长》有云，孔子有一志向为"朋友信之"，认为朋友之间需要相互信任，且《论语·学而》中曾子曰："吾日三省吾身：为人谋而不忠乎？与朋友交而不信乎？传不习乎？"可见朋友之间信任的重要性。宋代欧阳修在《朋党论》中直指，"舜之二十二臣，舜亦不疑而皆用之"，领导者需用人不疑，充分相信下属。在当代社会，信任对于人际互动的重要性越显突出。例如，华为公司在2018年的《华为公司人力资源管理纲要2.0总纲》中指出，企业的人力资源管理要基于对员工的信任，简化工作流程，释放组织与个体的能动性，通过"利他"实现"利己"(华为人力资源委员会，2018)。国际公关公司爱德曼(Edelman)发表的2019年全球信任度调查报告显示，82%的受访者认为，组织内良好的人际信任(Interpersonal Trust)可以夯实并促进员工关系，帮助企业在不确定性中保持韧性与活力(Edelman，2019)。现有研究指出，信任可以有效提升个体绩效与组织绩效(Kim et al.，2018)，增加工作满意度(Braun et al.，2013)，促进角色外行为(Lee et al.，2018)，激发创新(Nelson，2016)等。

虽然信任能够帮助个体降低外在的不确定性，提升个体及组织效率，但信任本身也具有内在的复杂性、动态性和不稳定性，信任会发生破裂，并带来消极后果(Doyle,2023;Korsgaard et al.,2018;Lewicki et al.,2017)。从古至今,信任破裂的例子屡见不鲜。例如,司马迁在《史记·屈原贾生列传》中评楚怀王与屈原之间的君臣关系,前期是"王甚任之",但后期的屈原是"信而见疑,忠而被谤";西汉开国功臣韩信也曾叹:"狡兔死,良狗亨;高鸟尽,良弓藏;敌国破,谋臣亡。"在当代社会,2017年的盖洛普(Gallup)《全球职场状况》(*State of the Global Workplace*)显示,有一半的职场人士曾为了离开上司而离职(Gallup,2017)。同时,近年来曾肆虐全球的新冠疫情也引发了一系列的社会和人际信任危机(Bunker,2020;Gambetta et al.,2022)。现有研究指出,组织内的信任破裂会引发个体的破坏性行为,如反生产行为(Colquitt et al.,2013)、人际冲突(Ferguson et al.,2015)、报复(De Cremer et al.,2012)等,同时还会影响组织绩效(Alison et al.,2015)、组织氛围(Ferguson et al.,2015)与凝聚力(Carter et al.,2015;Ng et al.,2016),不利于团队协作(De Jong et al.,2016)。

需要指出的是,有时信任的破裂并不意味着信任的结束,信任可能还需要修复或重建。因此,信任演化进程中存在三个阶段——信任建立(Trust Building)、信任破裂(Trust Breaking)和信任修复(Trust Repair),这三个阶段并非各自独立地对信任演化产生影响,相反,它们是以一种系统的方式对信任演化产生影响(Korsgaard et al.,2018;Searle et al.,2018),使得人际信任的演化呈现出跌宕起伏的波浪式(Wavelike)进程(Ikonen et al.,2016)。可是,对于组织中的个体而言,信任作为一种前瞻性(Forward-Looking)概念,是用以简化外在的未知不确定性和复杂性、预测个体未来的态度与行为的(Luhmann,1979;Lumineau,2017)。由此可见,信任概念使用的隐含前提假设是信任本身的内在稳定性,但是,信任演化的波动性意味着信任并非一直稳定的(Korsgaard et al.,2018;Searle et al.,2018)。

因此,为解决信任的前提假设与内在特征间的矛盾性,需要整合信任演化三个阶段来探究信任的演化规律,揭示信任在演化中达到相对稳定状态的内在机制,从而能够让信任以内在的确定性来应对外在的不确定性。尤其是在当前的智能时代,我们努力奋进构建人类命运共同体,信任的内在稳定性显得尤为重要。ChatGPT等新技术的发展为人类提供了更多可能性,但也带来了新的不确定性和挑战。在这种情境下,信任的内在稳定性成了连接人与人、人与技术之间的纽带。只有建构起人与人之间信任的稳定性(Stability of Trust),我们才能共同面对未知的挑战,构建真正意义上的人类命运共同体。因此,重视信任的内在稳定性不仅有助于加强人类之间的联系和合作,也为智能时代的可持续发展提供了有力支撑。

遗憾的是,现有的研究主要集中于信任演化中的某一具体阶段,忽视整合探究各阶段之间的相互影响与相互作用,这不利于综合理解稳定的信任形成过程,也限制了对信任演化内在规律的探究(Costa et al.,2018;Gillespie,2017;Zand,2016)。

1.2 研究内容与创新

在组织中,个体间的关系往往充斥着权力、利益与竞争,而信任是打破这一人际僵局的有效方法,它能够帮助个体建立超越权力束缚与利益色彩的长久、深入与牢固的人际关系,这种关系能够让信任双方都获得成长与滋养,不因时空转换而淡漠与消逝,甚至会因各自发展成熟而愈发深沉牢固(Mishra et al.,2012;Searle et al.,2018)。其实,信任的隐含前提假设是信任的内在稳定性。因此,本书将通过整合信任演化的三个阶段,探讨组织中上下级间的人际信任演化规律,揭示实现人际信任内在稳定性的过程与机制。

本书的研究将从综述组织中有关人际信任的文献开始,然后通过开放式问卷的先导性研究,探究组织中上下级间的人际信任三阶段演化的整合动力机制。接着,为使研究更加聚焦和富有理论性,将基于社会信息加工理论(Social Information Processing Theory)(Salancik et al.,1978;Zalesny et al.,1990),建构包含信任建立、信任破裂和信任修复三个阶段的信任螺旋演化双路径整合模型。随后,采用问卷调查和实验等方法,深入探究信任螺旋演化的两种特殊模式——信任升级与信任降级,即基于社会信息加工理论,探讨上下级间从认知信任到情感信任的升级过程,以及从情感信任到认知信任的降级过程,进而揭示组织内上下级间信任实现稳定性演化和去稳定性演化的内在机制。

本书的研究主要有以下三个创新点与理论性贡献。

第一,对人际信任动力学(Dynamics of Interpersonal Trust)的深化与丰富。(1)通过整合信任建立、信任破裂和信任修复三个阶段,总结出上下级间人际信任演化的两种具体模式——以不确定性回避和韧性为特征的渐进模式和以敏感性和灵活性为特征的急速模式。(2)在已有文献的基础上,建构信任螺旋演化的双路径整合模型,指出信任演化存在的自动加工和系统加工两条路径,以及贯穿于信任演化全程的"激活—确认"循环信息加工机制。(3)揭示了上下级间从认知信任向情感信任升级转化的关键机制是个体间的认知互嵌行为和关系依恋。(4)从信任不对称的视角,揭示了上下级间从情感信任到认知信任的降级是通过个体自我损耗实现的。

第二,对社会信息加工理论的拓展和延伸。社会信息加工理论的一个基本前提假设是,个体作为环境的适应有机体(Adaptive Organism),通常会基于所处的社会环境以及过往和现在面临的处境,不断地调整自己的态度、行为和信念(Salancik et al.,1978)。本书的研究升级了社会信息加工理论的基本假设,通过对组织内人际信任演化机制的探讨,发现个体不仅是环境的适应有机体,更是环境的解释有机体(Interpretive Organism)。实际上,人与动物都是环境适应体,但人与动物的区别在于,人能够通过解释赋予社会信息以意义(Mead,1972;Myers,2018)。具体来说,个体在信任建构过程中,会对各项社会信息进行选择性加工,这是个体对社会信息进行捕捉和提取的过程,无论这个过程是个体的有意识过程还是无意识过程,个体都会对提取到的社会信息进行解释,赋予其意义,随后个体是根据自身对社会信息的诠释,而不是社会信息本身,调整自己的态度或行为。

第三,对领导-成员交换理论(Leader-Member Exchange Theory)的扩充与发展。领导-成员交换理论认为,上下级间高质量关系的建立需要经过角色获得(Role Taking)、角色扮演(Role Making)和角色习惯化(Role Routinization)三个阶段,在此过程中,领导是资源和信息的发送者,下属是接收者,领导和下属根据期望进行社会交换(Cropanzano et al.,2016;Graen et al.,1987)。本书基于社会信息加工理论,探索上下级间高质量关系的建构过程,经过研究发现,在上下级关系的建构过程中,领导和下属都可以成为信息和资源的发送者和接收者,同时,领导和下属的相互期望是在认知互嵌的对话式互动中逐渐发生迭代演化的,上下级间高质量的关系建构不仅是双方间关于资源的社会交换,更重要的是通过认知互嵌行为,双方可以实现对彼此潜能的共同探索和开发,双方都能从这段关系中有所成长和收获。

第1章 绪论:人际信任的演化及意义
Chapter 1 Introduction: The Dynamics and Significance of Interpersonal Trust

1.3 章节安排

本书共包括八个章节,后续的章节安排如下。

第1章:绪论:人际信任的演化及意义。

第2章:概念定义及文献综述。通过对目前组织中人际信任演化三阶段(信任建立—信任破裂—信任修复)的相关文献进行系统性的回顾,分析总结现有研究的不足之处,为后续相关研究的推进做好铺垫。

第3章:上下级间人际信任关系建构的时序特征。在第2章文献综述的基础上,通过开放式问卷的方式收集案例并进行文本分析,具体探讨信任的两种演化模式。

第4章:社会信息加工理论和人际信任演化整合模型。基于第3章的研究发现,采用社会信息加工理论作为接下来研究的理论基础,并基于理论建构的方式提出组织中的人际信任演化周期的双路径模型。随后,在此基础上,介绍量化部分的安排与逻辑顺序。

第5章:上下级间信任的稳定性演化机制(1):问卷研究。通过上下级配对的三阶段纵向问卷调查,探讨上下级间信任的稳定性演化机制,即从认知信任到情感信任的升级转化机制。

第6章:上下级间信任的稳定性演化机制(2):实验研究。采用单因素组间团队实验法,补充验证第5章的研究。

第7章:上下级间信任的去稳定性演化机制。从信任不对称的研究视角,采用三阶段纵向问卷调查法,探讨上下级间信任的去稳定性演化机制,即员工对领导从情感信任到认知信任的降级机制。

第8章:总讨论。对全文研究进行了概括和总结,陈述研究的主要发现、理论贡献、实践意义以及对未来进一步研究的展望,并以"结论"结束全文。

第 2 章
概念定义及文献综述
Chapter 2 Concept Definitions and Literature Review

信任是个体的一种心理状态,是一方基于对另一方的积极预期,自愿暴露自身的易受伤害性,承受可能被另一方伤害的风险(Rousseau et al., 1998; Schoorman et al., 2007)。人际互动中的信任演化周期存在三个阶段——信任建立、信任破裂和信任修复,本章将分别对三个阶段的相关文献进行系统性的回顾,阐明信任演化各阶段的联系,分析总结现有研究的不足之处,为后续研究的推进做好铺垫。

2.1 信任建立的相关研究

信任建立是指双方建立信任关系的过程,其需要信任者和被信任者双方的共同参与。对于信任者而言,信任对方需要具备"信任信念(Trust Belief)"和"信任意向(Trust Intention)"两个因素(McKnight et al., 1998; Schilke et al., 2021)。就信任信念而言,它是基于对对方"值得信任(Trustworthiness)"的判断而产生的积极预期(Positive Expectation)。Mayer et al. (1995)总结了对方值得信任的三个特征:能力(Ability)、正直(Integrity)和仁慈(Benevolence)。能力是指一个人在特定领域或方面所具备的知识、技能和潜力;正直是指信任者相信被信任者会坚持原则的程度,而且是信任者可以接受的原则;仁慈指的是被信任者会真诚地关心对方的福祉,并且寻求共同利益的程度。就信任意向而言,它是信任者自愿暴露自身易受伤害性,承担风险的意愿程度。

对于被信任者而言,为赢得信任就要参与互动,而且能够把信任者的期待发展成为自我表现,要展示出自身值得信任的特征和信任者的期望行为(Expected Behavior),以促进信任关系的建立(Luhmann, 1979; Mishra et al., 2012)。

关于信任建立的相关研究主要可以分为两类:一类是关于信任建立的影响因素;另一类是关于信任建立的理想路径。

2.1.1 信任建立的影响因素

通常关于信任建立的研究主要集中于分析个体特征或组织特征对信任建立的影响(Costa et al., 2018)。一般来说,个体层面上的因素主要包含信任者的特征、被信任者的特征以及双方关系三个方面。信任者的特征包括信任倾向

(Trust Propensity)(Colquitt et al.，2007；Yao et al.，2017)、人格特质(McCarthy et al.，2017；Pfattheicher et al.，2018)、认同(Colquitt et al.，2011；Van der Werff et al.，2017)等。例如，Colquitt et al.（2007）通过元分析发现，个体的信任倾向对信任建立具有显著作用。Pfattheicher et al.（2018）认为，诚实-谦逊的个体较容易对他人存有积极的社会期望，更容易信任他人。Schaubroeck et al.（2013）指出，新员工对领导和同事的认同有利于促进新员工建立对领导和同事的情感信任。

被信任者的特征包括被信任者的人格特质（Larsson，2013）、声誉（Brooks et al.，2014）、领导力（魏华飞等，2020；Drescher et al.，2014；Gill et al.，2018）、角色外行为（Halbesleben et al.，2015；Holland et al.，2017）、给人的印象（Zarolia et al.，2017）等。例如，Whitener et al.（1998）认为，下属对领导的信任主要来源于领导五个方面的因素：行为一贯性（Behavioral Consistency）、品格正直（Behavioral Integrity）、分权和授权（Sharing and Delegation of Control）、沟通（Communication）以及对员工的关怀（Demonstration of Concern）。共享型领导（Drescher et al.，2014）、真实型领导（Gill et al.，2018）和服务型领导（Christensen-Salem et al.，2021）可以有效地让下属感知到领导是值得信任的，从而建立起对领导的信任；Halbesleben et al.（2015）指出，同事间的组织公民行为和工作支持有利于信任关系的建立。

信任双方关系的因素主要包括关系时间长短（王沛等，2016；朱秋锦等，2021；Levin, et al.，2006；Lioukas et al.，2015）、领导-成员交换（Kluemper et al.，2019；Rockstuhl et al.，2012）、社会网络（Chua et al.，2008；Jonczyk et al.，2016）等。例如，Levin et al.（2006）认为，在一段新关系中，人口统计学的相似性有利于信任建立，而在相互认识的老关系中，拥有相似的价值观更有利于信任建立。

组织层面上主要有两个因素：一是组织氛围，包括公平（Colquitt et al.，2011；Colquitt et al.，2012）、文化（Gunia et al.，2011）和人力资源管理实践（HRM Practice）（Searle et al.，2011）等；二是组织设计，包括组织中的地域断层（Polzer et al.，2006）、人口异质性（Chattopadhyay，1999）等。例如：Colquitt et al.（2012）在整合社会交换理论和不确定管理理论的基础上发现，组织公平

(包括分配公平、程序公平和互动公平)能够有效增进下属对领导的信任;Polzer et al.(2006)从组织断层视角指出,团队中的地域断层越大,越容易产生冲突,越不利于团队成员间信任的建立。

2.1.2 信任建立的理想路径

信任的建立意味着复杂性简化的信任开始,同时也表示信任要开始接受更多来自被信任者不确定性的波动,即被信任者的行为是否符合预期(Luhmann,1979)。本书将信任者和被信任者基于期望互动的可能结果分为四类(见图2-1):低信任确认(Low-Trust Confirmation)、建设性波动(Constructive Fluctuation)、高信任确认(High-Trust Confirmation)和破坏性波动(Destructive Fluctuation)。具体来说,信任者是根据被信任者的过往经历判断其是否值得信任,从而建立基于未来行为的积极预期(Luhmann,1988)。因此,不确定的未来行为所带来的结果可能是符合信任者的预期水平(包括低信任确认和高信任确认),也可能是高于信任者预期的建设性波动,也有可能是未满足预期的破坏性波动。

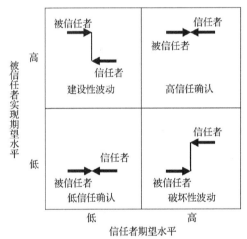

图2-1 信任者和被信任者基于期望互动的可能结果①

信任建立的理想路径是基于信任者和被信任者的连续互动,从低信任确认到高信任确认(即被信任者从一开始满足信任者设定的低积极预期水平到逐渐实现信任者设定的高积极预期水平),最终达到一定的稳定水平,实现互惠互利的稳定信任(Grant,2013;Korsgaard et al.,2015)。此外,从低信任确认到高

---

① 此图及本书其他各图均为作者所作。

信任确认的过程中,被信任者可能会超预期实现积极预期,产生建设性波动,加快演化进程。例如:Lewicki et al.(1996)提出的信任发展三阶段的理论模型认为,信任的发展需要经过以算计个人得失为基础(Calculus-Based Trust)的信任阶段、以对信任对象了解为基础(Knowledge-Based Trust)的信任阶段和以双方在情感和认知上相互认同为基础(Identification-Based Trust)的信任阶段;Rousseau et al.(1998)提出的信任发展理论模型认为,随着时间的推移,双方的算计信任(Calculative Trust)会逐渐减少,关系信任(Relational Trust)会不断增加,并最终完全替代算计信任;Schaubroeck et al.(2013)基于社会交换理论和认同理论,通过对美国士兵的纵向追踪数据发现,组织内对同事和领导的认知信任(Cognitive Trust)在经历一定阶段后,可以转化为情感信任(Affective Trust)。

从低信任确认到高信任确认的信任升级是实现稳定信任的理想路径,但在信任演化过程中,破坏性波动,即信任违背,却是一种常见现象,它的出现虽是一种破坏性现象,但实质上有助于个体对信任进行调整和修正,并最终实现稳定信任,第4章将对此进行详细分析。

2.2 信任破裂的相关研究

信任破裂[①]是指信任双方关系发生破裂的过程。信任者借助信任卸下了自身本应承担的复杂性,而被信任者却得负担起对期望行为的复杂要求(Luhmann,1979)。被信任者是期望行为的执行者,信任者是期望行为的判定者。当信任者认为被信任者未实现他们的期望目标时,信任破裂就发生了(Elangovan et al.,1998;Sitkin et al.,1993)。因此,信任演化中可能存在如下情况:信任者执行了期望行为,但信任者却判定此行为并未满足预期,造成被

---

① 信任破裂与信任违背的区别:信任违背(Trust Betrayal)一般是指信任违背事件(Elangovan et al.,1998),是被信任者的行为,包括情感上的信任违背(Trust Violation)和认知上的信任违背(Trust Breach)(Dulac et al.,2008);信任破裂是指双方关系的破裂,其发生需要一个时间阶段,即当信任违背发生之后,信任者觉察到被信任者的违背事件,并确认违背时,双方关系才真正破裂(Lewicki et al.,2017)。因此,本书在讨论被信任者的行为时用"信任违背"描述,在讨论信任演化阶段时用"信任破裂"描述。

信任者的被动违背信任。当然,研究中更常见的信任违背是被信任者并未履行期望行为,而是执行与之相反的自利行为(Self-Interest Behavior),主动违背信任。因此,信任违背可以分为被信任者的主动信任违背(Active Trust Betrayal)和被动信任违背(Passive Trust Betrayal)。

2.2.1 主动违背信任

信任的易受伤害性意味着对于被信任者来说,其不受信任者的监督,需要被信任者靠自身的仁慈和正直来进行自我约束(Schoorman et al.,2007)。因此,对于信任者来说,被信任者是存在可能性进行不受约束的自利行为,单方面违背信任(Elangovan et al.,1998)。现有关于被信任者的信任违背研究主要聚焦于违背行为本身,探讨违背类型、违背原因以及违背造成的后果。

学者们依据被信任者被信任的特质将信任违背分为能力违背、正直违背和仁慈违背(Ferrin et al.,2007;Kim et al.,2006)。对于能力违背,有学者指出,信任者更容易接受被信任者的修复行动,信任者认为高绩效需要匹配高能力,违背可能并非被信任者的本意。当然,信任者也可能认为能力违背是被信任者有能力获得高绩效,但并没有动力去获取,此时,较之前者,后者修复难度更大(Kim et al.,2009)。对于正直违背,学术界观点较为统一,信任者认为正直违背反映了被信任者的真实特征,同时,正直违背还会引起信任者对被信任者能力的质疑(Tomlinson et al.,2009;Wang et al.,2017),并重新定位两者关系(Dirks et al.,2009)。较之能力违背,正直违背的修复难度更大(Brown et al.,2016)。对于仁慈违背,其带给信任者的伤害往往比能力违背和正直违背要大。能力违背会使信任者失望,正直违背让信任者厌恶,仁慈违背则是让信任者感到愤怒和绝望(Chen et al.,2011)。

关于被信任者的主动信任违背的原因多种多样,例如,Elangovan et al.(1998)认为违背发生的主要原因在于被信任者对信任关系的不满或是"机会违背(Opportunistic Betrayal)"的存在以及可负担的违背成本;Qin et al.(2018)认为,领导者会出于自身情绪宣泄的需要,会对下属进行辱虐,破坏领导与下属间的信任关系;Olekalns et al.(2009)指出,双方间越高的信任度有时反而会促使被信任者为维持信任关系而不得不进行欺骗。

2.2.2 被动违背信任

除了被信任者的自利行为破灭信任者的积极预期造成信任违背外,信任违背还有另一种情形,即当信任者设有过高水平的积极预期,而被信任者的互惠行为未能实现信任者的积极预期,从而信任者感觉到信任违背(Dai et al.,2018;Li,2012;Sitkin et al.,1993;Torres,2016)。这种情形的信任违背主体是信任者,被信任者实质上是被动违背。例如,组织中权力较低的个体对权力较高个体的信任水平高于权力较高的个体对权力较低的信任水平,从而导致权力不匹配的双方的信任不对称(Sniezek et al.,2001),如果此时高权力的个体(如领导者)的言行不一致,会破坏员工对领导的信任(Simons,2002)。现有关于此方面的研究较少,且主要集中于阐述过高期望带给被信任者的后果。例如:Dai et al.(2018)认为,在面对窘境和挫折时,有高外部绩效期望的个体比低绩效期望的个体可能容易放弃;Baer et al.(2015)指出,感知到高期望的员工容易觉得工作压力变大,进而发生情绪耗竭。

无论何种原因造成的信任违背都会给信任者带来一定的伤害,信任者容易因此产生心理困扰和失眠(Garcia et al.,2017)、反生产行为(Griep et al.,2018),甚至报复无辜第三方(Deng et al.,2018)等。不过,在信任发展不同阶段的信任违背,对信任者造成的伤害是不同的(Kramer et al.,2010;Robinson,1996)。对于信任发展早期的破裂,信任者对被信任者的信任可能还处于建立阶段,真正的信任关系并未建立,此时的信任是脆弱的(McKnight et al.,1998),关系中包含更多的是交易成分,情感伤害较小(Lount Jr. et al.,2008)。随着时间的推移,信任者在信任关系中投入的情感越来越多,信任破裂会迫使个体重新审视双方的价值观匹配度以及对对方的认同程度,情感伤害较大(Fitness,2001;Robinson et al.,1994)。Bottom et al.(2002)认为:对于信任发展早期的信任违背,信任者更愿意从理性、认知和经济的视角来审视;对于后期的信任违背,信任者则更容易做出惊讶和情绪化的反应。此外,违背事件发生频率的高低对信任者的伤害程度也会有所不同(Elangovan et al.,2007),高频率的信任违背会使信任者认为,被信任者违背信任是一种常态,而非意外事件,此时,信任者会变得更加谨慎,甚至有可能都不愿意再给机会信任被信任者(Tomlinson et al.,2009;Tomlinson et al.,2004)。

2.3 信任修复的相关研究

信任修复是指信任双方致力于修复已经破裂的信息关系的过程。信任破裂的本质是信任者积极预期的未实现。基于稳定信任的演化目标，面对违背的破坏性波动，信任者和被信任者会采取策略进行信任修复，调整和修正积极预期水平（Sharma et al.，2023）。现有文献主要集中于讨论被信任者的修复策略，有关信任者的修复策略文献较少。

2.3.1 被信任者的修复策略

基于被信任者自利行为造成的主动信任违背，其常见的修复策略有口头陈述（如解释、借口、道歉等）、补偿、否认、沉默等（Kramer et al.，2012；Lewicki et al.，2017）。

对于口头陈述而言，其目的主要在于陈述违背发生的情况，以期获得信任者的理解与原谅（Shapiro et al.，1994）。道歉是加入被信任者情感（如愧疚、懊悔等）的口头陈述，若道歉是及时和真诚的，且表示愿意承担责任，则道歉的修复效果较之一般陈述更为显著（严瑜等，2016；袁博等，2017；Tomlinson et al.，2004）。此外，有研究指出信任违背类型、解释方式和解释成分决定了道歉的有效性（Ferrin et al.，2007；Kim et al.，2006）。

较之口头陈述的"廉价谈判（Cheap Talk）"，经济补偿是一种更加直接和有形的修复策略（Farrell et al.，1996；Zhang et al.，2018），它能够激活信任者大脑中的宽恕区域（Haesevoets et al.，2018）。被信任者希望通过补偿的方式，一来弥补信任者的损失，二来表达修复的诚意，进而期望信任者能够考虑重新建立信任关系（Lewicki et al.，2017）。不过，学者们对于补偿和道歉的修复效果持有不同见解。Fehr et al.（2010）认为，当道歉表达了被信任者的悔意，同时对信任者承担的消极后果表示理解时，道歉比补偿更加有效；Coombs et al.（2008）发现，在危机沟通中道歉和补偿的最终修复效果基本是一致的；Bottom et al.（2002）基于囚徒困境的博弈实验，指出补偿更有利于信任关系的长期修复。此外，Zhang et al.（2018）指出，当信任者同时遭受情感和经济损失时，经济损失的锚定效应会挤出情感损失，此时经济补偿更有效。

否认,实质上也是一种口头陈述的修复方式,是向信任者声明事件的不真实性,即对于违背事件,被信任者没有责任,也不觉得懊悔(Ferrin et al.,2007)。否认方式的有效性取决于信任者对违背事件的归因方式和信任者手头掌握的证据数量和质量。一般认为,对于基于正直的信任违背,否认是有效的修复手段(Kim et al.,2004)。

沉默,是当被信任者意识到违背发生,但不愿意承认,同时又不否认时,被信任者会选择沉默(Lewicki et al.,2017)。沉默发生的重要原因之一在于信息不对称,信任者并未意识到违背,或者需要时间收集证据来证明违背存在,在此阶段,被信任者可以保持沉默,甚至阻碍信任者收集证据。Ferrin et al.(2007)研究发现,基于正直的信任违背,否认是比沉默更好的选择,而基于能力的信任违背,道歉是比沉默更好的选择。

面对被信任者未满足期望的互惠行为产生的被动信任违背的情形,被信任者可以通过破坏性自我表露(Disruptive Self-Disclosure)来适当降低信任者的积极预期,从而展示自己能力范围内的互惠行为,维持信任(Gibson,2018)。

2.3.2 信任者的修复策略

Kim et al.(2009)指出,信任修复是需要信任双方的共同努力与参与,如若只是一方的一厢情愿,很有可能造成问题回避或不信任确认等情况。

针对信任者的信任修复,现有研究主要集中于讨论信任者对违背事件的归因以及信任者自身特质对于信任修复的作用。例如,Ferrin et al.(2018)基于归因理论发现,当CEO出现越轨行为并因此引咎辞职时,员工会将CEO的越轨行为归因于CEO自身,并会对CEO之前的行为进行重新解释,认为CEO是一个不值得信任的人;而当CEO对自身的越轨行为进行道歉忏悔时,员工会认为CEO是一个有担当的人,越轨行为可能并非其本意,员工会进行对外归因,从而愿意原谅CEO并重新给予机会。Haselhuhn et al.(2010)研究发现,当信任者对被信任者拥有较强的内隐信念(Implicit Belief),即认为被信任者的道德品质可以随时间朝积极方向发展时,被信任者的道歉行为更有利于信任修复。Mok et al.(2015)认为,当组织中的个体遭遇背叛时,需要全局思维模式(Global Processing Style)处理工作任务的个体比只需要局部思维模式(Local Processing Style)处理工作任务的个体更容易低估背叛造成的伤害,从而更容易选择原谅。

由上分析可知,不论是被信任者的修复策略,还是信任者的修复策略,信任修复的目标都是重塑信任意愿和信任信念。正是因为信任演化的反思性(Reflexivity),信任演化是在摩擦与互动中不断修正与迭代,并最终达到稳定信任,确保信任复杂性简化的成功,以便能够面对未来互动中有可能出现的更大更复杂的不确定性(Luhmann,1979)。

2.4 信任演化各阶段的联系

信任演化的三阶段之间并不是彼此孤立的,学界关于三阶段之间联系的讨论主要集中在两个方面:一是关于信任建立与信任修复两个阶段的比较;二是关于信任破裂在信任演化中的作用。

2.4.1 信任建立与信任修复的比较

信任修复的目标是通过信任信念和信任意愿的重塑,让信任重新朝积极方向演化,这与信任建立的初衷一致。虽如此,信任修复与信任建立还是存在以下两点区别。

第一,二者的初始状态(即信任信念和信任意愿)不一致。在信任建立之前,信任者并未受到过被信任者的伤害,因此,信任者是基于自身的过往经验和认知水平判断对方,设定对对方的信任意愿和期望水平(Kramer et al.,2010)。而对于需要修复的信任而言,在信任者受到被信任者的伤害后,违背事件作为一种"锚定事件(Anchoring Event)"(Ballinger et al.,2010),会使信任者对被信任者的认知程度发生改变,继而重新调整和设定对对方的信任意愿和期望水平(Brian et al.,2018;Poon,2013)。

第二,"Humpty Dumpty"问题(Lewicki et al.,2017),即修复之后的信任与刚开始建立的信任是否相同的问题。在经历了违背事件后,尽管信任关系能够得到修复,但信任者在之后的选择判断中,是否会参考过往的违背经历,修复后的信任关系究竟是会如初建立时一般,还是会发生变化,如若发生变化,重构后的信任在信任宽度(即信任范围)和信任深度(即信任水平)上与初建信任的区别等。关于"Humpty Dumpty"问题,目前学界的探讨较少,但不容忽视,希望今后的信任修复研究可以给予更多的关注。

2.4.2 信任破裂在演化中的作用

介于信任建立和信任修复两个阶段之间的信任破裂,是信任演化方向发生转变的阶段,即从建立到破裂是信任由积极方向演化转向消极方向,从破裂到修复是信任从消极方向演化转向积极方向。因此,信任破裂是信任演化中具有重要转承作用的一个阶段,其作用主要体现在以下三个方面。

首先,信任破裂的种子往往是在信任建立阶段埋下的。一方面,对于被信任者的主动信任违背而言,其违背的主要动力在于违背可以为被信任者自身带来利益,这种利益来源于建立阶段累积的良性结果。信任者愿意暴露自己的易受伤害性来换取信任的建立,不幸的是,被信任者利用了这种易受伤害性为自身获益,并由信任者承受损失。例如,Elangovan et al.(1998)从被信任者的视角指出,被信任者在信任违背前,会评估违背成本和收益,当违背收益大于成本时,就进行"故意违背(Intentional Betrayal)"。另一方面,对于被信任者的被动信任违背而言,其违背的主要原因是被信任者的互惠行为并未满足信任者的积极预期,这种积极预期来自建立阶段,双方的良性互动促使信任者对被信任者的积极预期水平不断升高,这种破裂,有时被信任者都尚未察觉,破裂就已经发生了。例如,Moorman et al.(2018)研究发现,组织内个体间的信任行为与组织公民行为可以相互促进,形成一个加强式上升螺旋,在此过程中,个体对对方的积极预期水平不断提升,如若此时被信任者未能满足信任者提升后的积极预期,信任方会感觉自己遭到背叛,从而发生信任违背。

其次,信任修复的有效性与信任破裂密切相关,修复需要根据破裂原因对症下药,进行有策略的修复。因此,现有文献中,信任破裂与信任修复常被放在一起研究。例如:对于能力违背、正直违背和仁慈违背,能力违背对信任者的伤害最小,信任者也最容易接受对方的修复行为(Chen et al.,2011),此时,道歉和经济补偿是比较有效的修复方式(Lewicki et al.,2017)。正直违背对信任者的伤害比能力违背大(Brown et al.,2016),它会让信任者质疑自己曾经对被信任者的判断,因此,否认是一种有效的修复手段(Kim et al.,2004)。仁慈违背对信任者的伤害最大,它让信任者感到愤怒与绝望,在信任演化进程中,被信任者的仁慈特征始终对信任发挥着重要影响,这种影响随着时间的推移在不断加深(Jones et al.,2016),因此,仁慈违背对信任者的打击最大,会促使信任者直接放弃这段关系,例如,当被信任者欺骗信任者后,信任关系很难得以修复(Schweitzer et al.,2006)。

最后,信任破裂对于信任演化并不一定是消极的,相反,它的出现,有利于消除一些不对称因素的影响,促使信任重新达到一个稳定的相互信任(Mutual Trust)点。信任演化的最终目的在于建立稳定信任,即双方对彼此的信任都稳定在相同水平。为达到这种信任状态,信任双方需要在信任波动(如建设性波动、破坏性波动)和信任调整(如信任升级、信任修复)之间迭代更新(见图2-2)。因此,破裂为信任双方提供了一个反思双方关系的宝贵机会,通过破裂,双方可以发现存在的不对称信息,并通过双方的共同努力与互动,修复并重新定义彼此间的关系,实现稳定信任(Caldwell et al.,2009;Korsgaard et al.,2015)。

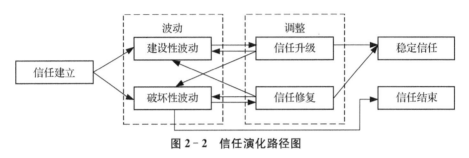

图 2-2　信任演化路径图

2.5　信任演化研究综合述评

通过上文的文献回顾可以发现,目前对于信任演化的任一阶段均有相对全面且细致的研究,且主要集中于两个方面:一是讨论信任的影响因素和效果,例如,信任建立的影响因素、信任破裂的原因及后果、信任修复的方式等,但忽略信任自身的动态演化;二是阐述信任演化某一阶段的作用机制,例如,建立中的信任程度变化过程、信任破裂的关键因素等,而忽略了信任演化其他阶段对现阶段的影响。更进一步,虽然已有相关理论能够解释信任演化某一阶段的运作机制(Dirks et al.,2022),却无法综合阐述信任演化各项因素之间的联系和其内在本质。例如,基于公平理论的信任研究虽可以解释基于互惠的信任建立(Colquitt et al.,2012;Colquitt et al.,2011),却无法解释信任程度的演化;基于社会交换或资源保存理论的信任研究虽可以阐述信任的程度累积(Halbesleben et al.,2015;Schaubroeck et al.,2013),却难以解释信任的突然"叛变"。由此可知,现有的研究并未完整地回答信任是通过何种演化机制实现内在的稳定性的。

因此，似乎需要寻找或建构一个恰当的理论以整合信任演化的三阶段，综合阐明信任演化各项因素之间的联系，进而揭示信任演化的本质规律。

2.5.1 可进一步研究的方向

结合已有的研究成果不难发现，对"信任演化的轨迹模式""信任升级的具体过程""社会环境信息对人际信任演化的影响"等与信任演化有关的问题做进一步研究将具有理论和实践意义。

第一，探讨信任演化的轨迹模式。从信任建立到信任破裂再到信任重建，体现的是信任从积极演化转向消极演化再转化为积极演化的过程，但具体的信任演化轨迹目前并未有统一认识。基于社会交换的互惠信任认为，信任的演化应是线性轨迹（Ferrin et al., 2008; Serva et al., 2005）；基于博弈思想的信任互动则认为，双方的互动在达到一定水平后，会出现某种稳定的均衡状态，即信任演化的轨迹应是非线性的渐近线（Levine et al., 2018; Zarolia et al., 2017）。此外，对于信任破裂所造成的演化方向转变，也有两种不同的观点：一种认为破裂对信任的破坏是一个缓慢的腐蚀过程（Elangovan et al., 2007; Ferguson et al., 2015），即此时的演化轨迹应是缓慢的下降过程；另一种认为"坏事件"对个体的影响远大于"好事件"（Baumeister et al., 2001），破裂造成的信任转折应是陡峭且突然的。因此，未来的研究可以在演化轨迹的变化强度（即斜率）、转变阈值（即拐点）等方面做进一步探讨。

第二，探讨信任升级的具体过程。虽然已有文献指出"信任引发信任（Trust Breeds Trust）"，即信任可以从低水平信任演化为高水平信任（例如，Lewicki et al., 1996; Rousseau et al., 1998），但缺乏对此过程的深入探究。例如，McAllister(1995)将信任分为以对他人品质认可为基础的认知信任和以双方间拥有真挚情感互动为基础的情感信任，是否具有情感信任是上下级间是否拥有高质量关系的重要指标，具有情感信任的上下级会相互影响、相互忠诚和相互尊重（Colquitt et al., 2014; Liden et al., 1998）。这种高质量的情感信任是以认知信任为基础建立起来的（Legood et al., 2023; Mishra et al., 2012; Van Knippenberg, 2018），遗憾的是，现在虽有实证研究指出认知信任是情感信任的前因变量（Schaubroeck et al., 2013），但缺乏更为深入的研究探讨。在时间的作用下，随着双方间互动的增加，双方间的认知信任是如何转化为情感信任的，仍需做进一步探讨。

第三，探讨社会环境信息（如工作场所规范、企业文化、组织中其他个体的行为与态度等)对人际信任演化的影响。本书主要关注于信任者和被信任者二者间互动对信任演化的影响,但个体均是处在一定的社会环境中的,社会环境所提供的信息会影响个体的选择与判断(Salancik et al.,1978)。现有一些研究在这方面做了初步探索。例如:当个体处于一个对外需要进行"战略欺骗"的组织,说谎已成为家常便饭,则个体间不愿进行信任建构(Jenkins et al.,2017);当个体察觉被信任者对待自身和对待他人的方式存在显著差异时,这些差异事件会引起个体的注意,成为信任演化中的"锚定事件"(Ballinger et al.,2010),深刻影响演化进程;被领导信任的个体也更容易被同事所信任(Lau et al.,2008)。因此,个体依赖社会环境提供的信息做出信任选择,同时,在信任演化进程中,不同阶段提供的信息是不同的,它们是如何吸引个体的注意力,在演化进程的不同阶段中各发挥着怎样的不同作用,个体是如何选择和加工这些信息进行信任演化的,都是未来可以做进一步探究的,从而更加全面地揭示信任演化机制。

2.5.2 小结

组织和个体的健康发展离不开良好的人际信任,而人际信任的建构是伴随着组织情景和相关个体的态度与行为发展并演化。本章从信任建立—破裂—修复的演化周期系统视角,整合综述信任演化各阶段间的相互作用及相互影响。下一章的先导性研究将在本章综述的基础上,通过开放式问卷的方法收集案例数据,尝试性地探索组织中人际信任的演化机制。

第 3 章

上下级间人际信任关系建构的时序特征

Chapter 3　The Sequential Characteristics of Interpersonal Trust Dynamics Between Superiors and Subordinates

第3章 上下级间人际信任关系建构的时序特征
Chapter 3 The Sequential Characteristics of Interpersonal Trust Dynamics Between Superiors and Subordinates

信任是评估组织中上下级间关系质量的一项重要指标。获得信任能够帮助个体有效地应对外在的不稳定性。但信任由于其自身的冒险性，具有内在的不稳定性。为解决信任内在的不稳定性问题，需要深入了解信任演化三阶段，即信任建立、信任破裂和信任修复的作用机制。遗憾的是，现有关于信任的研究仍主要集中于三阶段中的某一阶段，限制了对信任演化规律的整合探究（Korsgaard et al.，2018）。因此，为解决这一挑战，本章在第2章文献综述的基础上，采用文本分析的质化研究方法，整合探究信任演化的动力机制。

3.1 研究方法与过程

本章的研究案例均取自 MBA 学生填答的开放式问卷，采用扎根理论（Charmaz，2014）和案例分析（Eisenhardt et al.，2007）相结合的方法对收集的案例文本资料进行数据分析。

3.1.1 研究背景和样本

本研究通过开放式问卷收集案例数据。邀请商学院 MBA 同学回顾自己在工作中经历过的上下级间信任事件，描述曾经信任的上级/下属是如何变得不再信任，后续又是如何修复或为何放弃这段关系。问卷共包含三道开放式问题，分别关于信任建立、信任破裂和信任修复。

关于"信任建立"的问题1是：开始时他/她的什么特征或什么因素让你觉得对方值得信任？当时你的什么特征或什么因素使自己作出了彼时那样的判断？

关于"信任破裂"的问题2是：后来发生了哪些事情又让你觉得对方不值得那么信任？转折点是什么？

关于"信任修复"的问题3是：当不信任发生后，你是否跟对方进行过必要的对话？如果有，对话是否增进了你对对方的信任？是什么因素导致那次对话有效或无效的？如果没有，你觉得跟对方进行对话的困难是什么？

本研究共发放开放式问卷 105 份，回收有效问卷 102 份，问卷回收率为 97.14%。在有效样本中，男性占 44.12%，平均年龄 30.02 岁。表 3-1 展现了 102 例案例样本的基本属性。

表 3-1 案例样本属性值($N=102$)

信任对象	发生时间	关系长度
上级＝93(91.18%)	初次任职＝78(76.47%)	短期(1～2年)＝67(65.69%)
下属＝9(8.82%)	非初次＝15(14.71%)	长期(3年及以上)＝12(11.76%)
	未说明＝9(8.82%)	未说明＝23(22.55%)

3.1.2 研究方法和数据分析过程

本章对收集的102个案例的文本资料进行的数据分析过程经过了多轮的反复编码,即在涌现主题(Emerging Themes)、相关文献和文本数据之间进行来回转换和迭代反复。

文本编码和分类使用NVivo质性分析编码软件进行。NVivo的优势主要在于它便于编码者对收集的案例资料进行快速的编码和比较,同时能够便捷地将编码所得的相似概念聚敛成更加精练的类属或主题,此外,它还能够便于编码者便捷地引用某些代表性示例。在编码过程中,允许概念(Concept)不断地涌现,直到额外的案例资料不再能够提供新的概念或关系,以及编码者对各分类和其相关的主题之间的联系有了清晰的认识。本章的研究发现只呈现通过了三位编码者共同认可的结论,以减少单一编码者的主观偏见。编码过程包括开放式编码、主轴编码和理论编码三个步骤。

步骤一:开放式编码。开放式编码的目的是对案例资料中呈现的各类现象进行归纳和概念界定,即聚敛资料。在该过程中,编码者带着"理论触觉"和中立开放的态度,通过对收集的案例进行逐词逐句的开放式编码命名,全面捕捉资料中的信息点。随后,将各编码中具有共性的陈述或概念归类形成一阶类属,进行意义浓缩(Charmaz,2014;Corbin et al.,2015)。例如,将"业务熟练""工作有条理""履历光鲜"等概念标签聚敛成一阶类属"工作经验与业务能力";类似地,将"伪造工作日志""剽窃他人创意""偷盗同事客户资源"等标签归纳成一阶类属"违背职业道德"。需要说明的是,开放式编码的命名或概念提出并不是编码者主动选择的,而是在编码过程中相对客观地"涌现(Emerging)"出来的。本研究中被编码的文本长度从一句话到几段话不等,如果一段文本描述了多种现象,在编码过程中,编码者会对其进行多类编码。

步骤二:主轴编码。主轴编码的目的是将开放式编码所得的一阶类属提炼为具有理论化和抽象化的主题,为随后的扎根理论模型建构提供基石。主轴编码的过程不仅是理清一阶类属之间关系的过程,更是建立一阶类属和二阶主题逻辑关系的过程,给已生成的分析创建一种连贯性(Charmaz,2014;Corbin et al.,2015)。例如,将一阶类属"主动帮忙"和"关怀与关心"提炼为"仁慈",将"表层相似性"和"默契"提炼为"直接投射"。需要指出的是,为了使数据分析尽量接近理论饱和(Theoretical Saturation)(Glaser et al.,1967),编码过程和案例收集过程是交替进行的,直到新收集的案例资料不再涌现出新概念,问卷收集才会停止。

步骤三:理论编码。理论编码的主要任务是从二阶主题中提炼出核心概念,并使用故事线精炼地诠释案例资料,提出概念模型。具体来说,编码者根据Charmaz(2014)以及Corbin et al.(2015)的建议,对每个主题提出的原因、结果和情景等因素进行深入分析。在探究信任演化各阶段的动力机制时发现,不同的个体在推进信任演化进程的方式上存在差异。为了解释差异,编码者对已有二阶主题进行提炼升华,将演化进程的模式归纳为两类:渐进式和急速式。在渐进式的演化模式中,个体为了回避不确定性,需要花费时间和精力对各项线索进行分析和判断,同时,面对演化变异,由于前阶段的思维惯性和再判断的耗时性,个体会对变异表现出滞后性和适应性,使得信任演化的渐进模式具有韧性;在急速式的演化模式中,个体对各项线索和演化变异具有敏感性,因此,为适应自身的敏感性,个体在变异后的态度和行为调整上具有灵活性。同时,为了能够更进一步解释两种演化模式的差异,编码者继续总结提炼了两种演化模式在信任不同演化阶段的具体表现。例如,渐进式在信任建立阶段的主要体现是"评估",急速式的主要体现是"共情"。因此,经过多轮的编码持续对比和反复验证,聚合理论维度和扎根理论模型得以涌现。

总之,为了将涌现的概念串联统筹进理论模型中,本章采用Langley(1999)的"合成策略(Synthetic Strategy)"来开展理论化(Theorizing)过程。一方面,基于轴心式编码所得的二阶主题,聚敛了理论维度,并通过概念模型,对组织中的个体是如何推进信任演化进程,面对变异,个体是如何做出反应进行了理论化。另一方面,通过使用多重案例的选择性编码比较方法来解释不同个体在推进信任演化进程速度上的差异。此外,在编码过程中,编码者还将编码所得的概念和模型与案例提供者及老师和同学进行探讨,以期获得"创造性洞见(Creative Insight)"和对模型的诠释效度进行检验(Corbin et al.,2015;Suddaby,2006)。图3-1呈现了本章的数据分析结构。

组织内人际信任演化机制
The Dynamics of Interpersonal Trust in Organizations

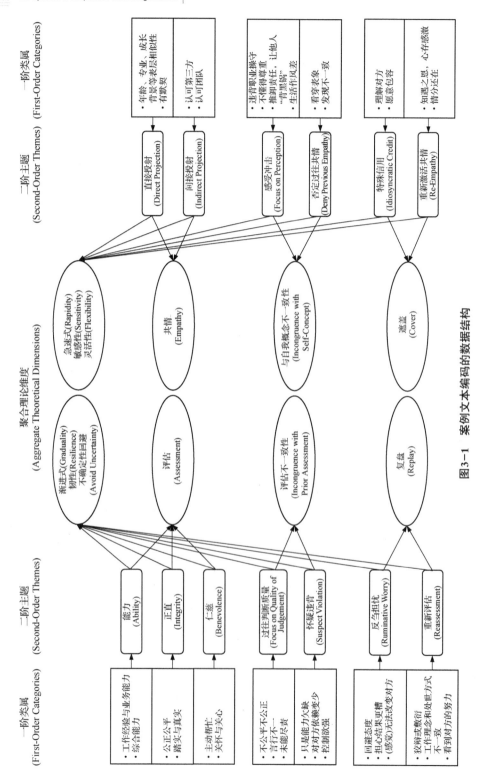

图3-1 案例文本编码的数据结构

3.2 研究发现

通过对收集到的102个案例的比较分析和归纳总结后可以发现,在信任演化三阶段(包括建立、破裂和修复)中,组织中的个体在推进与上级或下属信任关系建构的方式上存在两种模式。一种是渐进模式(Gradual Pattern),是个体为了回避不确定性(Avoid Uncertainty),花费时间和精力对另一方的各项线索进行分析和判断,同时,面对波动,由于已建立的思维惯性和再判断的耗时性,个体会对波动表现出滞后性和适应性,从而具有韧性(Resilience)。另一种是急速模式(Rapid Pattern),是个体对于各项线索和波动具有敏感性(Sensitivity)和灵活性(Felxibility),能够迅速调整自身的态度与行为。需要说明的是,渐进模式与急速模式并非相互独立的,相反,两种模式之间是可以相互影响,共同推动信任演化进程的。图3-2展示了两种模式下的上下级间人际信任的建构路径。表3-2和表3-3分别呈现了案例中关于渐进式和急速式信任演化的代表性案例引述。

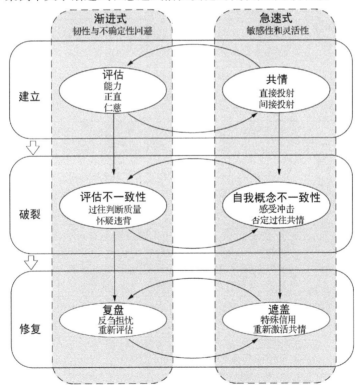

图3-2 信任演化双模式概念模型

表 3-2 渐进式信任演化的代表性案例引述

二阶主题	一阶类属	代表性案例引述
能力	工作经验与业务能力	① T 会尽量将每一项工作内容的详细背景介绍给我,让我知其然并知其所以然,T 丰富的工作经验和扎实的业务能力让我觉得似乎找到了依靠。(L)
		② 通过了解我知道 C 已经通过了注册会计师考试的专业阶段,我认为他已经具备了相关工作的专业知识。我对 C 比较信任,觉得他可以承担较重要的工作任务,我将项目中的一些重要公司的审计交由 C 来负责,平时向他了解工作情况时,他也汇报得很好,基本没遇到什么大的问题,也没有疑难问题。我当时觉得有个能干的手下真好,自己的工作也轻松不少。(F)
		③ 我的指导老师是 H,20 世纪 60 年代出生的人,是一名经验丰富的女调度员,有着 30 年的工作经验。(L)
	综合能力	① 五年中每一次见到 B,他都是以精神饱满的状态出现在大家面前。不管工作遇到什么危机,总能带领部门同事完美解决,多年来江苏的各种销售数据完成情况在营销委名列前茅。平时有很多工作,B 都会在尽量考虑部门员工自身情况的前提下做出合理安排。(L)
		② 现场反应快,把握会议的能力十分强,能较快赢得客户的信任,使我感觉跟他在一起工作很安心。(F)
		③ 每周部门例会,H 会号召大家说出自己的职业想法以及对公司未来发展的一些建议,并对目前的不足给予建议等。H 作为领导做出了表率。(L)
正直	公平公正	① 关于员工薪水方面,在我比别人多做了部分工作的情况下,他看到我的辛苦,也给我发了比预期更多的奖金。(L)
		② 对她的信任源于她对待工作奖罚分明,对每一个人工作中的付出都能了然于心并给予客观公正的肯定,让我们这些工作中勤奋、踏实的小白很暖心。(L)
	踏实与真实	① 在一个 18 人的集体中选题资源是有限的,势必会存在争抢资源的情况,在目睹了几位资深编辑为了几个所谓的畅销选题争得不可开交后,我更加佩服 Z 的大度,她的业绩与工作态度刚好诠释了"不争也有属于你的世界"这句话的含义。(L)
		② 经过一段时间的观察,发现 B 为人体现出典型的老北京人所特有的朴实和憨厚,但大大咧咧的性格也使他在工作初期漏洞百出。几次沟通后,这种情况慢慢得到改善,我可以从他的工作态度和结果中看到他的努力和改变。(F)

第3章 上下级间人际信任关系建构的时序特征

续表

二阶主题	一阶类属	代表性案例引述
仁慈	主动帮忙	① 我的师傅 M 是个非常热心的人,在他工作的时候,只要我提出疑问,他总是抽空第一时间给我解答,耐心又负责。在下班后他也会为我总结一天中遇到的各种问题,然后分类为我讲解。银行的业务知识复杂又零散,很难形成一种便于记忆的方法,但是 M 把自己多年总结的笔记借给我,并且为我们初期的业务知识累积进行许多专门的辅导,这一点确实让我非常感动。刚进入社会的我们,能在第一份工作时就遇到这样热心助人的师傅,真的是一种幸运。(L)
		② 我刚工作没多久,对建筑施工还比较外行,当时 M 主动帮助了我。此后他又帮我理清思路,做好任务分配,使项目逐渐走上正轨。(F)
		③ W 对我也很照顾,经常在办公室内问我有什么不会的以及不了解的,并且耐心地为我解答各种问题。每次有客户来行里咨询贷款业务,他都会主动地叫上我一起听,我当时心里很感激,从他身上也学到了很多专业知识和技术。慢慢地,我对他敞开心扉,十分信任他。(L)
	关怀与关心	① B 领导是我大学后任职的第一家公司的直属上级,是非洲分公司总经理。这是一家跨国公司,作为新人的我在总部培训后即被外派到非洲工作。在非洲分公司工作时,B 对我非常照顾,当时我们分公司共有 50 人,其中只有 10 个中国人。在非洲的生活十分单调,唯一的乐趣只是出去逛菜市场和到中餐馆吃饭。在宿舍时,B 非常细心地教我们几个新来的管培生在非洲生活的注意事项,平时还经常下厨为我们做饭。初入职场就在异国他乡的我们感受到了家的温暖。由于领导的周全照顾,我们工作非常卖力,也很信任领导。(L)
		② 一段时间后,我发现他各方面都是从我的角度出发,替我考虑,这样的人值得信任。(F)
过往判断质量	不公平不公正	① 我起初是默默地独自完成着各种被推到自己身上的工作,但渐渐发觉只有自己每天有干不完的工作,自己的工作量已超出正常工作两倍甚至三倍。每天都要加班加点,被琐事缠身,耗费了太多精力。营销人员日常的任务本来就很重,现在事务性工作量已经让我没有时间和精力去完成自己的本职工作,个人收入反而只降不增。而且,完成这些工作并不能体现在自己的业绩中,还往往被他人忽视,更可怕的是,长此以往本不该由我一人承担的工作,却成了我理应要承担的工作,把不合理变得合理化,把额外的付出变成了分内职责。(L)

续表

二阶主题	一阶类属	代表性案例引述
过往判断质量	不公平不公正	② 之后又有员工反映,L 在分配任务过程中不公正,和他关系近的任务轻,没有交情的就安排一些繁重的任务,因而招致很多不满。我就这些情况向 L 求证,他矢口否认,我也不好再说什么。(F)
	言行不一	① 相处久了后发现,当小组事情做得好,她会向上级邀功,当小组受到批评的时候,她会将责任推给我,导致我对她的信任彻底被击垮。我看到了她的表里不一、虚伪以及自私,在平时工作中,我都担心会不会被背后"扎黑刀"。她给了我很多承诺,但是后来都没有实现,在她的领导下,我看不到前程。(L)
		② 其中很致命的一点就是说话不实在,喜欢夸大实际情况,明明还没有洽谈得非常成熟的项目,和我汇报却说是八九不离十乃至板上钉钉了,导致我和团队的误判,耽误了大家的时间;有时候也夸大和客户的关系,夸下海口表示和客户关系已经非常熟稔,对方随时可以和我司签约,最终却签约失败,导致我的团队白忙活一场。渐渐地,我开始揣摩她话中的水分,几分可信几分不可信。但这样做让我也有些疲惫,毕竟我们需要一个高效沟通的团队,而不是花大量的时间揣摩团队成员的小心思。(F)
	未能尽责	① 每一个项目的落地都浅尝辄止,每一个方案都浮在云端,不接地气,导致学术派和实干派有着诸多干戈,不能和平相处,而总经理的角色居然没有起到天平和船长的作用,反而碌碌无为。(L)
		② F 被委派带领三名审计助理做某新三板影视公司的年报审计。从进场到提交审计报告草稿仅花费了一周的时间。凭以往经验,我判断该项目如果用一周时间交草稿,则必须在每晚并周末连续加班,且没有重大审计问题的情况下才勉强可能完成。作为项目经理一级复核,我开始检查底稿工作,底稿较为完整,函证程序也有跟踪记录和流程。基于对以往工作表现的信任,我没有过分质疑该次审计。为了同时考察三名助理人员是否尽责,我翻看了三人的工作日志邮件,发现无加班记录。审计四人中,三人均未加班,工作却大大提前完成,必要的程序是怎么做到如此快速的?这并非大型项目,能够提高效率压缩时间,作为小项目,做的本来就是基本程序,无可压缩。那么只有一种可能——未尽责勤勉。(F)

第3章　上下级间人际信任关系建构的时序特征
Chapter 3　The Sequential Characteristics of Interpersonal Trust Dynamics Between Superiors and Subordinates

续表

二阶主题	一阶类属	代表性案例引述
怀疑违背	只是能力欠缺	① 在金融行业监管趋严的大背景下,公司业务越来越难以开展,公司所承受的业绩压力也越来越大,在经历几次转型效果不太理想后,Y越发趋于"佛系"领导,公司未来前进的方向也越来越模糊。而对于目前的项目推进,在交于下属后,除了特别必须决定的条款以及时间要求,其他事情越来越少过问;项目汇报时,也未用心听,下属请教某些决策时,由于其没有深入思考项目,无法给出很明确的意见。(L)
		② 在验收工作中,出现了问题,每位员工会发回问题反馈表。M虽然每天都会看,但是并没有对问题的难易程度和紧迫程度进行分类,M自己认为比较紧急或是严重的问题就抓紧时机催促,其他的问题就减少了跟踪次数。由于M与现场验收人员缺乏有效沟通,导致问题反馈不及时,拖慢了验收进度。(F)
		③ 慢慢地,自己对工作内容熟悉了,业务也上手了,对自己负责的业务范围有了知识上的掌握,也理解了每年的技能达标的内容。这时发现N的业务能力也仅仅限于技能达标这一考核形式。技能达标是一个固定的考核,每年的内容都相同,多多练习就可以达到比较好的成绩,但是N工作能力一般,处理问题的能力不足,不愿意学习新的业务,也不愿意参加各种培训提升自己。(L)
	对对方的依赖变少	① 后来,随着我对业务的熟悉,和对业务操作流程的了解,我也可以自己处理一些复杂的业务,对业务运营主管的依赖越来越少。(L)
		② 在见习的第一个月,我的工作基本是由H来安排的。经过一个月时间的锻炼,我开始独立地承担一些工作,并对一些工作的流程和制度有了进一步的了解。除了做好安排给我的工作,我也可以回头审视该项工作完成的质量、效率和可以改进的地方,简单概括就是我终于有了在工作上"独立思考"的能力。(L)
	控制欲强	① 对公司的项目,也越来越集权,项目通过与否,很大程度上取决于领导的意见。(L)
		② A君提升三个月后,一次偶然的机会和其部门一个同事闲聊,发现A君每次开部门会议都强调部门职员对其个人的绝对忠诚,并且由于信息部掌握全公司的数据流,可以对任何一个部门的数据进行监控。我部门的业务数据实际上涉及公司的一些机密,而且需要进行异常的监测。按照惯例,监测到异常后,需要发送情况说明邮件到我和公司领导的邮箱,而A君竟然将自己的邮箱也添加进列表,这样他也可以收到同样的邮件。我愈发感觉到他的控制欲极强,而且工作权限的观念十分淡薄,漠视公司的保密纪律。由于公司没有明文规定,他不可以知晓类似信息,而且作为信息部负责人,理论上他可以接触到全部信息,但这样刻意监控其他部门敏感信息的做法,令我不能再信任他。(L)

续表

二阶主题	一阶类属	代表性案例引述
反刍担忧	回避态度	① X经理本身对于这些事情采取回避的态度,这也增加了我们进行谈话的困难性。(L) ② 发生这样的事情,不管谁对、谁错,我觉得我都是失败者。作为人力资源从业者,不识人,失败;作为主管领导,管不好员工,失败。也许默默承受是最好的,或者避而远之、放任自流是最好的,或者说句消极的话,惹不起还是躲得起的,我也不能把他怎么样了。(F) ③ 这之后,还没有进行有效的沟通;一方面,因为他找各种理由躲着我,另一方面,在三番五次被拒绝之后,我也失去了耐心。(F)
	担心结果更糟	① 我觉得自己没有资历和经验,和他沟通肯定不会有结果,最终会闹得不愉快。(L) ② 我们之间的基础关系是上下级关系,他对我有天然的优势,我不太方便对他的行为做出评价或者指正。(L)
	(感觉)无法改变对方	① 我感觉他是一个老派的管理者,不是一个领导者,他没有激励,没有和员工形成共同前进的团队,他只是在替公司看着这几个人干活。我在工作间隙和X主管聊过团队建设、管理思维课程,他似乎没有兴趣。(L) ② 多次沟通无效的主要原因在于L根深蒂固的错误价值观,私营企业文化中以前存在的任人唯亲的弊端很难从他的观念中根除。他把我之前的信任错误地当成了我寻求亲信的信号。(F)
重新评估	狡辩或敷衍	① J只是在找各种理由推脱自己的责任,根本没有分析自身的问题。而且,J是个口若悬河的人,讲起道理来,头头是道,我根本说不过他,他全身都是理。(L) ② 此次事件后期,我与F进行了几次沟通。沟通中,F一直在解释原因,并解释她如此做也不会造成多大的影响。(F) ③ 我找到了C,与他进行了沟通,我总结出他所表现的都是做给领导看的,实际上私下是另一套方式。(F)
	工作理念和处世方式不一致	① 我觉得可能我们两个的立场不一致,那位运营主管还有一年的时间就即将退休了,他希望在他退休之前不要发生不符合规定的事情,保证顺顺利利退休就可以了。(L) ② 随着工作中困难的堆积,我尝试和其进行深入的沟通。但是每次谈话都无疾而终。原因在于随着业务水平的提升和公司人际关系的深化,她开始形成她自己的处世哲学,我和她之间很难再进行像她刚进公司的时候那般推心置腹的对话。(F)

续表

二阶主题	一阶类属	代表性案例引述
重新评估	工作理念和处世方式不一致	③ 发生后一周左右,我主动提起了这件事情,想再一次确定她的想法。结果,她再一次杜撰故事,让我很失望。最后,我并没有再找她来谈这件事情。我认为,有些事情可以通过沟通变得更好,而有些事情并不一定要去沟通。我没有对她的做法给予任何回应。我认为,人与人之间的沟通应该建立在共同的价值观的基础上,若价值观不同,是很难进行实质性的沟通的。(F)
	看到对方的努力	① 感觉对方已经意识到了自己的过错,并在尽量弥补。(L)
		② B 也感觉到了工作的压力和团队成员对他的不满,不过 B 敢于承认错误和改正错误,我也接受他的团队治理方案。(L)
		③ 在第一次发现她向领导吐槽我之后,我调整好心情和她聊过一次,她是我的前辈,毕竟经验丰富,在某些方面可以给我启发,比如和客户的相处之道、怎么有效处理多项工作任务等。在接触客户过程中,如果我遇到检查,她也会暗示我,配合我一起完成检查。慢慢地,日常工作接触多了,让我对她的态度有点缓和,信任感稍微增强了一些。(L)

注:"L"表示信任对象为领导;"F"表示信任对象为下属,其余字母表示匿名个体。

表 3-3　急速式信任演化的代表性案例引述

二阶主题	一阶类属	代表性案例引述
直接投射	年龄、专业、成长背景等表层相似性	① 经过跟 N 电话沟通,得知 N 只大我两岁,跟我又算是老乡,我当时就觉得很亲切。(L)
		② 后来聊天感觉我们的成长背景很相似,所以感觉两个人的三观很相近。(L)
	有默契	① 在跟他沟通的过程中,发现我们聊得非常投缘。(L)
		② 在聊天中涉及的很多问题,R 所表达的看法与我心中的真实看法基本一致,这让我感到我与 R 拥有类似的价值观和世界观,趋同性加深了我对她的信任。(F)
间接投射	认可第三方	① 在我刚刚毕业的时候,我没有选择自己学习的专业而是去了亲戚的公司,我那个时候年纪小并没有自己的主见,就听从了家人建议去了这家公司。(L)
		② 刚好其间与一位老领导通电话,他问起我们部门的一个应届毕业生 A(尚未定岗,拟定行政方面的工作)的情况。后来与现在的直管领导沟通后,我才知道 A 是老领导推荐安排的。于是我与现任领导及应届生 A 沟通后,将 A 调整到人事条线协助我开展工作,我将自己的所有办公系统交给他管理。(F)

续表

二阶主题	一阶类属	代表性案例引述
间接投射	认可第三方	③ R 是我多年老友的一个朋友,虽然我最初并不知道他们是如何认识的,但是我知道我的老友是值得信赖的。(F)
	认可团队	① 公司看上去发展得比较好,而且我们家在这个公司里也有自己的股份,所以我对他描绘出来的未来,深信不疑。(L)
		② 面试时侃侃而谈,热情大方,尤其在谈到公司发展前景时那炽热坚信的眼神让我感到 W 的真诚。对于一个刚刚注册成立的公司,经过困难的资金争取期,我觉得这应该会是一个目标明确、相互信任、简单真诚的团队,所以我愿意跟随这个人,加入这样的团队一起共事。(L)
感受冲击	违背职业道德	① 当时领导 Z 为了拉近与人力总监的关系,赠送给人力总监一个检测项目。这是我们部门当时负责的项目,检测报告完成后,我们会为人力总监进行一次讲解,所以我们都看了结果。在看结果的时候,他竟然让负责出报告的同事 M 更改报告,使结果与他了解的人力总监的实际情况更加相符。当时在我看来,这件事是非常不能理解和接受的,因为我们当时是产品部门,尊重科学,尊重事实和报告结果,在我的认知里绝对是底线,不可以被打破,而他的做法已经突破了我的底线。(L)
		② 经过一系列详细的检查,我们发现了询证函跟踪记录是伪造的,项目组未派专人跟踪发函。影视母带和剧本的盘点也是糊弄完成的。结果,我们花了多于一倍的时间进行补救。(F)
	不懂得尊重	① 有位同事犯错了,她当众对其破口大骂,让我瞬间觉得太不尊重员工了。员工犯错实则是一件正常的事,本可以推心置腹地和员工沟通,她却选择了破口大骂,摆出了领导的架子。(L)
		② 没有礼貌,看人分三六九等。公司新人老人更替不断,因为财务部是一个财务枢纽,来来往往的人很多,有比我们年龄小的员工,也有很多比我们年龄大的员工。G 跟人打电话不加称呼,也不问人到底有没有时间,直接就让对方放下手中的活来帮助她自己干活,非常不礼貌。而且有的时候在一个办公室里面,她经常"哎哎"地称呼别人。(L)
	推卸责任,让他人"背黑锅"	① 接到 B 的电话,B 告诉我董事长的身份证在他那里,因为离开时他忘记还给董事长了。但是害怕董事长怪罪,他要求我主动承担责任,说身份证一直在我这里,只是当时没有找到,后来又找到了。我当时听得目瞪口呆。但是由于初来乍到不知其中深浅,又不敢得罪 B,只好按照他的要求承担了责任,董事长为人宽厚,并没有惩罚我,只是让我以后注意。通过这件事我对他的信任感大幅降低。我作为入职不久的新人,做每件事都谨小慎微,生怕出现什么过错。而 B 作为公司高管,自己的失误就应该自己承担,而不是让我来"背黑锅"。(L)

第3章 上下级间人际信任关系建构的时序特征
Chapter 3 The Sequential Characteristics of Interpersonal Trust Dynamics Between Superiors and Subordinates

续表

二阶主题	一阶类属	代表性案例引述
感受冲击	推卸责任,让他人"背黑锅"	② 一个一向谨慎的同事作废了一个标书,致使公司中标无望,X主管批评了那位同事,还提出向公司交罚款,他自己交一百元,却让那个员工交八百元,虽然当时不那么明白其中的道理,但是感觉领导那样的做法是让人不舒服的。同样的事情,另一个部门的领导自己全担了责任,没有向公司汇报具体是哪个员工出错了,虽然大家都知道是谁做错的。(L)
	生活作风差	① 我们公司租的办公室是复式结构的,后来因为公司调整,H经理家在外地,干脆就把上层的一个房间当作卧室,住到了公司。公司同事中有一个年轻漂亮的女孩,非常活泼。本来她也在外租房子,后来房子到期后,她就搬到了公司居住。有一次,周六我外出加班,回到公司看到了些什么。H经理总说我大葱吃多了,脑子不会拐弯,切,我一个吃大葱长大的人怎么会容忍这样的事情发生。从此,我就觉得H经理恶心了。一个结了婚的人,居然欺骗人家小姑娘,简直是对我价值观的侮辱,当时我是非常气愤的。直到现在想起来,还是不能认同。(L)
		② 有一次在外出差见客户后回到房间,Z酒后对我的行为有些出格,晚上9点去我的客房要求抱抱,我直接拒绝。此后,我主动退出了与Z有关的任何项目。(L)
否定过往共情	看穿表象	① 她会跟我说些我想听的话,然后又去跟别人说些不是那么肯定我的话,她有时也跟我说别的员工的不是。(L)
		② 当我知道T为了完成业绩会通过一些不好的手段去撬别人的客户,把人际关系搞得很差时,我感觉很不好。(F)
	发现不一致	① 后来有几次和他出去跟客户吃饭,在酒桌上他把客户捧得很高,在回去的路上他却和我说这些客户水平差,都是垃圾。听了他这些话,我觉得挺别扭的,觉得他是个表里不一的人,我要是向他学,那就毁了,所以没有多久我就和公司申请更换实习地点。(L)
		② 后来不久,O在私下表示另一位现场管理人员X水平不足,还不服从领导,希望换成他推荐的人选。我通过其他途径了解到的情况则是X和O之前有过节,但X工作勤勉,在员工中评价还不错。(F)
特殊信用	理解对方	① 发现这些问题后,我跟负责人私下进行了几次开诚布公的沟通,我也实实在在了解了他心有余而力不足的现状。通过几次沟通,我也看出了负责人想解决这个棘手问题的决心。(L)
		② 我明白了师父作为老一辈自然有他们值得学习和借鉴的优良传统和经验。同时,师父在适应新的前台系统方面确实存在着力不从心的问题。(L)

续表

二阶主题	一阶类属	代表性案例引述
特殊信用	愿意包容	① 总体上还是很认可 Z 的,这仅是他的一个小缺陷,人无完人嘛。(L)
		② 看好他的潜力,有提升空间,要包容他成长路上的不足。(F)
		③ 事情的发生不能完全否定 W 的做法,每个人都有自己做事的风格,对 W 愿意予以包容。(F)
重新激活共情	知遇之恩,心存感激	① H 对我还是有知遇之恩的,虽然发生的事情不太好,但我还是要心存感激。(L)
		② 在自己的职业生涯遇到瓶颈的时候,C 先生给了我一个很适合发展的岗位与机会。(L)
	情分还在	① 我们是因为工作才有缘聚到一起,过往的关心已经足够让人感动和温暖。(L)
		② 平时 W 对我确实不错,W 也给予过同事不少帮助。(L)
		③ 毕竟过往的真实感情还是存在的,这个团队的情谊也在。(F)

注:"L"表示信任对象为领导;"F"表示信任对象为下属,其余字母表示匿名个体。

3.2.1 信任建立阶段的发现

个体与他人建立信任关系是一个从陌生到熟悉的过程。由于个体特征和所处情景的差异,建立过程呈现出两种不同模式:一种是以评估为核心的渐进模式;另一种是以共情为核心的急速模式。

1. 以评估为核心的渐进模式

在工作场所中,人们常会被对方的某一特质、态度或行为吸引,信任关系的建立常常始于这些吸引点。在渐进模式中,信任建立的核心是个体的"评估(Assessment)",即个体需要花费时间和精力去评估吸引点或社会线索,提升判断质量,从而降低不确定性。本章研究所归纳的中国文化背景下的"评估"维度与 Mayer et al. (1995)西方学者曾提出的"值得信任"的三个维度,即能力、正直和仁慈,具有一定程度的相似性。

能力是现代组织对个体的基本要求之一(Mayer et al., 1995; Sturm et al., 2017)。个体对于他人的能力评估不仅包括对工作绩效、技术技能等业务能力的评估,还包括了对应变能力、沟通表达能力等综合能力的评估。对于这些能力的识别和判断,个体需要花费一定的时间来进行观察和了解。例如,某

位下属这样描述他在五年时间里如何慢慢建立对领导的信任:

五年中每一次见到B,他都是以精神饱满的状态出现在大家面前。不管工作遇到什么危机,B总能带领部门同事完美解决,多年来江苏的各种销售数据完成情况在营销委名列前茅。平时有很多工作,B都会在尽量考虑部门员工自身情况的前提下做出合理安排。

类似地,某位领导对下属的能力判断也是经历了一段时间的考察才得确定:

通过这几个月的相处交流,我们经常一起吃饭聊天,讨论工作的情况。通过了解我知道C已经通过了注册会计师考试的专业阶段,我认为他已经具备了相关工作的专业知识。而且C很善于沟通交流,很容易跟大家相处,大家对他的评价都很不错。……我将项目中一些重要公司的审计交由C来负责,平时向他了解工作情况时,他也汇报得很好,基本没遇到什么大的问题,也没有疑难问题。我当时觉得有个能干的手下真好,自己的工作也轻松不少,一直都很庆幸,暗自高兴。

正直反映的是个体对他人坚持原则程度的判断(Mayer et al., 1995; Zlatev, 2019)。这种判断同样需要个体花费一定时间对某些相关事件或一系列相关事件进行观察与思考。对于正直的评估,个体主要有两方面的关注点:一是公平与公正,二是踏实与真实。例如,某位下属通过与领导一年的相处而得出的评价:

对她的信任源于她对待工作奖罚分明,对每一个人工作中的付出都能了然于心并给予客观公正的肯定,让我们这些工作中勤奋、踏实的小白很暖心,她的做事风格属于"细节型"领导。

再如,某位领导是如此描述对下属的认可经过的:

经过一段时间的观察,发现B为人体现出典型的老北京人所特有的朴实和憨厚,但大大咧咧的性格也使他在工作初期漏洞百出。几次沟通后,这种情况慢慢得到改善,我可以从他的工作态度和结果中看到他的努力和改变。

仁慈反映的是个体对对方关心他人福祉的感受程度(Mayer et al., 1995; Whitener et al., 1998)。个体对他人仁慈的判断主要来源于两方面:一是对方主动提供帮助;二是对方的关怀与关心。这些都是需要个体与对方经过一段时间的互动后慢慢获得的。例如,某位新员工是如此描述对领导信任的建立过程的:

  W对我也很照顾,经常在办公室内问我有什么不会的以及不了解的,并且耐心地为我解答各种问题。每次有客户来行里咨询贷款业务,他都会主动叫上我一起听,我当时心里很感激,从他的身上也学到了很多有关专业和技术上的问题。慢慢地,我对他敞开心扉,十分信任他。

  再如,某位下属对领导建立信任主要是由于其在外派非洲期间领导对其在生活上的关心：

  在非洲某分公司工作时,B对我非常照顾,当时我们分公司共有50人,其中只有10个中国人。在非洲的生活十分单调,唯一的乐趣只是出去逛菜市场和到中餐馆吃饭。在宿舍时,B非常细心地教我们几个新来的管培生在非洲生活的注意事项,平时还经常下厨为我们做饭,让初入职场就在异国他乡的我们感受到了家的温暖。由于领导的周全照顾,我们工作非常卖力,也很信任领导。

  个体与上级或下属的信任建立过程是一种冒险过程。为了降低不确定性,个体会对对方关于能力、正直、仁慈等方面进行评估,这个过程是个体的理性分析过程,也是个体对对方认知的一个缓慢累积的过程。因此,通过渐进模式建立信任的过程,是降低不确定性和提升判断质量的认知累积过程。

  2. 以共情为核心的急速模式

  在信任建立的急速模式中,信任建立的核心是"共情(Empathy)"。共情是个体的一种情绪情感反应,指的是个体能体验到与他人相似或接近的情绪情感反应(Clark et al., 2019),这种反应是灵敏且灵活的。本研究归纳出在信任建立阶段,引发共情的方式有"直接投射(Direct Projection)"和"间接投射(Indirect Projection)"两种。

  直接投射是指个体将自身的特征直接投射到被信任者身上。例如,某位下属可以仅因为与领导是同龄人兼老乡就迅速建立信任：

  经过跟L电话沟通,得知L只大我两岁,跟我又算是老乡,我当时就觉得很亲切。

  类似地,某位领导与下属的信任建立也仅是通过一次聊天就实现了：

  在聊天中涉及的很多问题,R所表达的看法与我心中的真实看法基本一致,这让我感到我与R拥有类似的价值观和世界观,趋同性加深了我对她的信任。

  间接投射是指个体将认可的第三方或认可的团队特征间接投射到被信任者身上。例如,个体可以通过认可的第三方迅速建立对陌生下属的信任：

第3章 上下级间人际信任关系建构的时序特征
Chapter 3 The Sequential Characteristics of Interpersonal Trust Dynamics Between Superiors and Subordinates

R是我多年老友的一个朋友,虽然我最初并不知道他们是如何认识的,但是我知道我的老友是值得信赖的。

再如,个体还会基于对团队的认可快速建立对领导的信任:

公司看上去发展得比较好,而且我们家在这个公司里也有自己的股份,所以我对他描绘出来的未来,深信不疑。

就此可以推断,个体对于情感的判断往往比对能力等的认知判断更为敏感(Hall et al.,2007),通过共情,个体能够与他人建立"快速信任(Swift Trust)"(Schilke et al.,2018)。因此,不同于通过渐进模式建立的信任是需要经过个体的深思熟虑,通过共情急速建立的信任是敏锐且快速的,当被信任者的某个特征能够触发个体的共情时,信任就能够得以建立。

3. 评估与共情的相互影响

对收集的案例文本资料进行的数据分析表明,信任建立的评估渐进模式与共情急速模式并不是相互独立的,相反,评估与共情之间是相互促进与相互影响的。

一方面,评估的完成有利于个体更进一步探索与对方的相似性,建立共情。例如,某位下属与领导的信任建立先后经历了评估与共情两种模式:

在我的观察中,H的工作效率很高,在工作中讲求条理,干净利落。H有每天记工作日记的习惯,每天记录工作事项的计划和进展。……,此外,她会尽量将每一项工作内容的详细背景介绍给我,让我知其然并知其所以然,她丰富的工作经验和扎实的业务能力让我觉得似乎找到了依靠。……后来,我发现,H的年龄刚好和我的母亲相近,她本人又很喜欢笑,她让我感觉到很亲切。

另一方面,为维持信任,共情的建立会激励个体评估完善对对方的认知。例如,某位下属在认为与领导投缘后,为完善认知,会对领导做进一步的探索:

在跟他沟通的过程中,我们聊得非常投缘,我也就顺利到了公司成为元老之一。……到公司之后,我将自己的全部知识储备和未来的发展想法倾囊而出。我们促膝长谈了许久,并且我详细地写了一份发展方案和细节报告。在最初最艰难的发展周期,我们互帮互助完成了一次又一次的进阶之旅。同时,他能给我很好的帮助,跟我一起探讨每一个方案的可执行性。……此外,当时的他细心听我们的每一个反馈,并认真记下,每一个环节都不落下,还去想解决办法。这样,大家献言献策,好一番胜景。

3.2.2 信任破裂阶段的发现

在信任演化进程中,由于被信任者不受控制与监督,辜负或背叛时常发生。面对违背,个体的反应速度也存在渐进与急速之分。需要说明的是,在信任建立阶段,虽然评估的渐进模式和共情的急速模式之间能够相互影响,推进信任建立的深化,但是面对违背,个体的反应与判断是以建立信任的基础模式为基准开展的。因此,个体的信任破裂模式分为以评估不一致性(Incongruence with Piror Assessment)为核心的渐进模式和以自我概念不一致性(Incongruence with Self-Concept)为核心的急速模式。

1. 以评估不一致性为核心的渐进模式

以评估的渐进模式为基础建立的信任,是个体经过深思熟虑的判断和决策结果,因此,在面对违背事件,即面对被信任者的表现与过往评估的不一致性时,过往判断质量的背书会克制个体做出冲动的决策,甚至还可能会让个体怀疑违背的真实性。

具体来说,面对信任违背,个体会把焦点集中于过往的判断质量,即个体不愿意对违背事件草率地下结论,而是继续花费一定的时间和精力对违背进行评估,以确保判断质量(Kruglanski et al., 2000)。例如,某位员工对其师傅的信任是以能力和仁慈评估的渐进模式建立起来的,在面对背叛时,其开始只是持怀疑态度,经过一段时间的调查和评估后,才确认违背发生:

Z是我们部门的一位前辈,在刚刚进入公司的时候,她就带领我参观公司,带领我认识我部门其他团队的同事,向我介绍每一个团队的领导及员工,同时也针对每一项业务的具体细节,向我非常详细的阐述,这让我受益匪浅。渐渐地,我把自己遇到的每一个客户,以及每一个项目的情况,都和她沟通,每次都能够获得Z的建议和指导。……之后在一次博览会中,我结识了一个大客户。由于我对自身能力的不自信,我约Z和我一起,去拜访这个客户。在拜访过后,我多次和Z沟通,这名客户应如何去开发,如何去服务。但是Z在这件事情上的反应,让我感到有些奇怪。她多次告诉我这个客户很难开发,也比较难以维护,甚至劝我不要再联系这个客户,不要在这个客户身上浪费时间。我将信将疑地听了Z的话,我虽然没有和客户断联系,却也没有进一步跟进。可是在之后的某一天当中,客户主动找到我,咨询我能不能对她的订单进行一些调整,这时候,我才知道,客户已经通过Z和我司达成了合作。Z通过这个客户的订单,在职位和收入上都有了很大的提升。因为这件事情,我对Z的态度有了转变,渐渐地开始不信任她。

此外,面对违背,在渐进模式中,个体由于思维惯性,不愿意承认被信任者辜负,相反,个体会怀疑违背的真实性,会为对方的辜负寻找借口,认为对方并非背叛,只是自身的判断标准提高了。例如,某位下属对领导的信任是以能力评估的渐进模式建立起来的,面对辜负,信任的瓦解过程也是一个缓慢腐蚀的过程,在此过程中,下属认为领导并非背叛了信任,而是领导的能力匹配不上下属的期待了:

L自身不但具有国外心理学硕士学位、北大的EMBA,整体个人素质较高,而且家庭背景好,人脉关系非常广,有虔诚的信仰,做事有绅士风度,品德高尚。在工作过程中,其表现得足够开明,公司的评审会议任何人都可以参加,并欢迎提出不同意见;在早会时他也会及时与下属分享新思想、新见识,并且鼓励大家积极提出新的想法和建议。此外,L对自身要求很高,为了工作可以废寝忘食。可是,在金融行业监管趋严的大背景下,公司业务越来越难以开展,公司所承受的业绩压力也越来越大,在经历几次转型效果都不太理想后,L越发趋于"佛系"领导,对于公司未来前进的方向也越来越模糊。而对于目前的项目推进,交于下属后,除了特别必须决定的条款以及时间要求,其他事情越来越少过问;在项目汇报时,也未用心听,当下属请教某些决策时,由于其没有深入思考项目,无法给出很明确的意见。对公司的项目也越来越集权,项目通过与否,很大程度上取决于领导的意见。因此对于公司未来的前景,员工的信心正在一点点下降,对L的信任也在一点点消失。

2. 以自我概念不一致性为核心的急速模式

以共情的急速模式为基础建立的信任,是个体快速判断的结果,具有不稳定性。因此,如果违背事件触动了个体的自我概念(Self-Concept),引发情感冲击,此时的信任破裂是迅速的。自我概念是自我表征的集合,反映了个体对自身态度、情感和价值观等的自我知觉(Obodaru,2012)。能够给个体带来自我概念不一致性的冲击主要来自两方面。

一方面是挑战了个体的原则或底线,造成个体情感上的强烈冲击。组织中常见的此类冲击有违背职业道德、推卸责任、个人作风问题等。例如,某位下属对领导信任的迅速转变是由于领导篡改检测报告结果:

后来的转折点是源于一次篡改检测报告结果的事件。当时领导Z为了拉近与人力总监的关系,赠送给人力总监一个检测项目。这是我们部门当时负责的项目,检测报告完成后,我们会为人力总监进行一次讲解,所以我们都看了结果。在看结果的时候,他竟然让负责出报告的同事小马更改报告,使结果与他了解的人力总监的实际情况更加相符。当时在我看来,这件事是非常不能理解和接受的,因为我们当时是产品部门,尊重科学,尊重事实和报告结果,在我的认知里绝对是底线,不可以被打破,而他的做法已经突破了我的底线。

另一方面能够让个体感知到对方与自我概念不一致性的冲击是个体对于已有相似性的否定。例如,某位下属对领导的否定是因为发现他与领导不具备实质上的相似性:

开始时,我觉得跟L领导性格对路,就十分信任他。后来有几次和他出去跟客户吃饭,在酒桌上他把客户捧得很高,在回去的路上他却和我说这些客户水平差,都是垃圾。听了他这些话,我觉得挺别扭的,觉得他是个表里不一的人,我要是向他学,那就毁了,所以没有多久我就和公司申请更换实习地点。

3. 评估不一致性与自我概念不一致性的相互影响

与信任建立时的情景相类似,信任破裂的两种模式——评估不一致性的渐进破裂模式和自我概念不一致性的急速破裂模式也并非相互独立,相反,两种模式之间是能够相互影响的。

一方面,评估不一致性的确定会诱发个体的敏感性,例如,某位员工对师傅的信任坍塌历经了从对其能力不足的确认到对其处世方式不认同的过程:

后来慢慢地,自己对工作内容熟悉了,业务也上手了,对自己负责的业务范围有了知识上的掌握,也理解了每年的技能达标内容,这时发现N的业务能力也仅仅限于技能达标这一考核形式。技能达标是一个固定的考核,每年的内容都相同,多多练习就可以达到比较好的成绩,但是N实际工作能力一般,处理实际问题的能力不足,不愿学习新的业务,也不愿意参加各种培训提升自己。此后,我还发现,在平常工作方面,N不愿意承担责任,遇到问题不愿意面对,总是拖沓,平时加班或者有其他工作时,总是借口脱离或者根本不接电话,节假日需要安排人员值班时,N总是斤斤计较,总有理由拒绝值班,每次都找其他员工代替。在为人处世方面,只要不涉及他的个人利益,N对每个人都是笑呵呵的,一旦有涉及实际利益的事情,比如加班时间等,N总是据理力争,绝不吃半点亏,但N很会哄领导开心,会揣摩领导脾气,行里每次有什么好的活动,领导总是安排N参与。

另一方面,自我概念不一致性的情感冲击会蔓延影响个体的理性判断,例如,某位下属在发觉领导个人作风问题后,也慢慢注意到领导工作中的态度偏差:

> 我们公司租的办公室是复式结构的,后来因为公司调整,H经理家在外地,干脆就把上层的一个房间当作卧室,住到了公司。公司同事中有一个年轻漂亮的女孩,非常活泼。本来她也在外租房子,后来房子到期后,她就搬到了公司居住。有一次,周六我外出加班,回到公司看到了些什么。H经理总说我大葱吃多了,脑子不会拐弯,切,我一个吃大葱长大的人怎么会容忍这样的事情发生。从此我就觉得H经理恶心了。……后来,在工作中,他会把好做的业务都交给那个女同事来做。当我们其他几个人业务量减少时,遇到业务很难开展时,他不管不问,甚至责怪我们对工作不上心。对工作不太认真的同事也被他解聘了,同事之间原本团结互助的氛围没有了,谁也不想做分外的事,都想着找别的出路。后来大部分人陆续离开了。

3.2.3 信任修复阶段的发现

基于不同模式的信任破裂给个体造成的伤害是不同的,因此,在信任修复阶段,个体在决定是否修复以及如何修复等方面也是有差异的。具体来说,个体的信任修复模式可以分为以复盘(Replay)为核心的渐进模式和以遮盖(Cover)为核心的急速模式。

1. 以复盘为核心的渐进模式

面对评估不一致性造成的破裂,由于思维惯性,个体面对修复会产生反刍担忧(Ruminative Worry)。反刍担忧指的是个体被动地、重复地关注负面事件或破坏性特征(Fulmer et al., 2013; Mikulincer, 1998a; Skinner et al., 2003)。由于个体对于信任破裂的判断是经过深思熟虑的再考察和再评估,因此面对修复,个体会不自觉地回放过往经历,害怕再受一次伤害,产生反刍担忧。例如,某位领导意识到自身选人用人方面的失败后,会产生担忧和回避的态度:

> 发生这样的事情,不管谁对谁错,我觉得我都是失败者。作为人力资源从业者,不识人,失败;作为主管领导,管不好员工,失败。也许默默承受是最好的,或者避而远之、放任自流是最好的,或者说句消极的话,惹不起还是躲得起的,我也不能把他怎么样了。

此外，如果个体有意愿重新修复这段关系，为避免自身再次受到伤害，其会花费时间与精力对对方进行重新评估（Reassessment），审慎做出判断。例如，某位领导在有意愿与下属重建信任的前提下，愿意花费时间，重新对让人失望的下属进行评估，虽然最终修复失败，但这位领导也对下属有了更全面的了解：

随着工作中困难的堆积，我尝试和其进行深入的沟通。但是每次谈话都无疾而终。原因在于随着业务水平的提升和公司人际关系的深化，她开始形成她自己的处世哲学，我和她之间很难再进行像她刚进公司的时候那般推心置腹的对话。

因此，通过以上分析可知，在渐进模式下，不论是反刍担忧还是重新评估，都是个体进行信任修复的复盘过程。

2. 以遮盖为核心的急速模式

在急速模式下，信任的建立与破裂是基于某种态度或行为打动了个体，同理，如若存在某个闪光点，遮盖其他不足，则可以促使个体忽略曾经的不愉快，信任修复是可以快速实现的。例如，某位下属认为，纵使发现领导不再符合其心中的形象，但领导曾经对其处于困境中的援助足以抵消这一切：

锦上添花易，雪中送炭难。虽然C将本应属于我的客户资源给了另一位同事，但我认为C这么做应该是有他的原因的。在自己的职业遇到瓶颈的时候，C先生给了我一个很适合发展的岗位与机会。

再如，某位下属认为领导在工作出现失误后，处理的方式不是承担责任，而是推卸责任，这种行为动摇了他对领导的信任，但发现领导在悄悄弥补过失时，他认为：

领导的经验也是慢慢总结出来的，虽然Z推卸责任，让他人"背黑锅"的行为让我对他产生了失望。但是我后来发现，Z也在悄悄地弥补过失，领导也是好面子的嘛。知错能改，善莫大焉，因此，我总体上还是很认可Z的，这仅是他的一个小缺陷，人无完人嘛。

3. 复盘与遮盖的相互影响

复盘与遮盖是两种不同途径的修复方式，但两者之间是可以相互影响的。复盘的渐进模式会抑制个体对另一方闪光点的挖掘。例如，某位下属在对领导进行重新评估后，精力的耗竭让其选择对领导采取回避态度：

我觉得可能我们两个的立场不一致，那位运营主管还有一年的时间就即将退休了，他希望在他退休之前不要发生不符合规定的事情，保证自己顺顺利利退休就可以了。而我,对其已经失望,只能尽量回避,我比较希望的是可以认真工作,表现优异,从而为自己获得更多转岗升迁的机会。

遮盖的急速模式会降低个体进行复盘的可能性。例如,某位领导认为,尽管下属曾经犯过错,但其身上还是有优点的,要给予下属机会,既往不咎,朝前看:

虽然 Q 曾经犯下致命的错误,但念其是职场新人,难免不足。且我看好他的潜力、有提升空间,要包容他成长路上的不足,不要对他翻老皇历,要看他将来的表现才是正道。

3.3 研究发现讨论

本章探讨了上下级间的人际信任在信任建立、信任破裂和信任修复三个连续阶段中的演化机制。研究发现,信任演化存在两种模式。一是渐进演化,其路径为"评估—评估不一致性—复盘",个体采用渐进模式的主要目的是回避不确定性,愿意花费时间和精力对另一方的各项线索进行分析和判断,同时,面对变异,基于前阶段的思维惯性,个体不愿意快速下结论,而是愿意再花费时间与精力进行重新评估,因此,渐进模式下的信任演化能够以其韧性应对变异或偏差。信任演化的另一种模式是急速演化,其路径为"共情—自我概念不一致性—遮盖",个体采用急速模式是由于个体对于各项线索或变异具有敏感性和灵活性,不需要对另一方进行审慎分析判断,只要某一线索能引发个体情感上的共鸣,演化进程就能得以推进。

需要指出的是,渐进模式与急速模式之间并非相互独立的,二者之间是能够相互影响,共同作用于信任演化。例如:在信任建立阶段,评估有助于个体更进一步探索与对方的共鸣点,激发共情,而共情的建立会激励个体评估完善对对方的认知;在信任破裂阶段,评估不一致性的确定会激活个体的敏感性,而自我概念不一致性的情感冲击会蔓延影响个体的理性判断;在信任修复阶段,复盘会抑制个体对另一方闪光点的挖掘,而已发现的闪光点会降低个体进行复盘的可能性。

3.3.1 理论价值

本章的研究发现对深化和丰富上下级间的人际信任动力学具有理论价值。

第一，归纳总结了上下级间人际信任演化的两种模式——渐进模式与急速模式。渐进模式是能够回避不确定性和具有韧性的演化模式，面对演化进程中的各项线索、变异或偏差，个体能够审慎地做出理性判断和反应，因此，在渐进模式中，信任的演化轨迹是相对缓和、平稳和光滑的；相反，急速模式具有敏感性和灵活性，对于外界变化，个体能够快速地给予回应并做出调整，在急速模式下，信任的演化轨迹相对剧烈和陡峭，并容易出现拐点。

第二，揭示信任在不同模式下的演化机制。在渐进模式中，信任演化路径为"评估—评估不一致性—复盘"，面对变化，评估和复盘体现的是个体慎重、不冲动的决策过程；相反，在急速模式中，信任演化路径为"共情—自我概念不一致性—遮盖"，共情、自我概念和遮盖反映的则是个体"以点带面""牵一发而动全身"的情感驱动的快速决策过程。

3.3.2　实践意义

在易变性（Volatility）、不确定性（Uncertainty）、复杂性（Complexity）和模糊性（Ambiguity）的 VUCA 时代，信任他人是组织中的个体降低不确定性的有效方式，但信任由于其自身的冒险性，也具有内在的不稳定性。例如，在本章的 102 例信任案例中，发生在个体初入职场的案例就有 78 例（76.47%），这说明个体面对环境的模糊性，有意愿通过建立信任关系来降低不确定性；但是，有 67 例（65.69%）案例的信任关系仅维持了短期的 1～2 年，并且，因为违背事件而导致信任关系迅速破裂的有 55 例（53.92%），由此可见，信任能够降低外在的不确定性，却也具有内在的不稳定性。因此，如何构建稳定的信任成为摆在管理者面前的一道难题。通过本章的案例分析，尝试为管理者解答这道信任难题提供了一些思路。（1）信任建立的两种模式并无优劣之分，但在面对信任波动时，个体可以优先考虑再评估测量，尽量避免情绪的快速决策，从而一叶障目；（2）可以采用两种模式共存、相互促进的方式建构稳健的人际信任关系，基于从认知上的认同再到情感上共鸣的信任关系，有助于个体有效地应对外在的不确定性。

3.4　本章小结

本章的研究通过整合信任演化的三个连续阶段，采用文本分析的方法探讨了推进信任演化进程的两种不同模式。不论是基于何种模式的演化进程,信任演化的推进都是基于个体对于演化进程中社会信息的选取与解读。例如,建立阶段的"评估"或"共情",都是在个体选择与对方有关的社会信息(与个体"能力""正直""仁慈"相关的信息,或是与个体有某些"相似性"的特征信息)的基础上产生的。因此,下一章将尝试基于社会信息加工理论,构建信任三阶段演化的整合模型,并基于此整合模型,安排接下来的量化工作的内容。

第 4 章

社会信息加工理论和人际信任演化整合模型

Chapter 4　The Social Information Processing Theory and an Integrative Model of Interpersonal Trust Dynamics

第 4 章　社会信息加工理论和人际信任演化整合模型
Chapter 4　The Social Information Processing Theory and an Integrative Model of Interpersonal Trust Dynamics

第 2 章的文献综述表明,现有的研究并未完整地回答信任是通过何种演化机制实现内在的稳定性,同时缺乏一个能够整合信任演化的三阶段、综合阐明信任演化各项因素之联系的恰当理论,通过第 3 章的质化研究,不仅归纳了推进信任演化进程的两种不同模式——渐进模式和急速模式,而且还有一个欣喜的发现,在整个信任演化进程中,不论个体是基于何种模式的演化进程,信任演化的推进力量来源于个体对相关社会信息的选取与解读。例如,建立阶段的"评估"或"共情",都是在个体选择与对方有关的社会信息(与个体"能力""正直""仁慈"相关的信息,或与个体有某些"相似性"的特征信息)的基础上产生的;类似地,破裂阶段的"评估不一致性"或"自我概念不一致性"是个体选择关注与判断质量相关社会信息还是关注与感受相关社会信息的结果。因此,在接下来的研究中,将选用社会信息加工理论作为研究基础,进一步探讨和深化信任的内在演化机制。

4.1 社会信息加工理论简介

社会信息加工理论(SIP 理论)认为个体的活动和行为并不是发生在真空中的,通常会受到复杂的、模糊的社会情境的影响。个体所处的社会环境提供了影响其态度和行为的各种信息,个体会选择性地挑取相关的社会信息进行加工和解读,进而决定下一步的态度和行为。

社会信息加工理论的主要内容有"一个前提假设,两大核心观点"。具体来说,"一个前提假设"指的是人作为一种适应有机体,会基于所处的社会环境以及过去和现在面临的处境,不断地调整自己的态度、行为和信念。"两大核心观点"包括:(1) 一个人所处的社会环境提供了影响其态度、行为和信念的各种信息,个体通过选择性地处理周围的社会信息来更好地理解他们的工作环境,同时,社会信息的处理过程塑造了他们随后的态度和行为;(2) 个体对社会环境提供信息的依赖程度会随着社会环境不确定性和复杂性的增加而增大。因此,社会信息加工理论不仅能够揭示工作环境的中介机制,如社会信息有助于个体理解工作环境特征,从而决定其态度和行为,还突出了情景不确定性的调节机制。例如,在具有不确定性的情景中,个体会更加依赖身边的社会信息来理解工作环境,从而调整其态度和行为,以降低不确定性(杨付等,2019;Salancik et al.,1978)。

近年来,越来越多的研究表明,社会信息加工理论能够适用于解释不确定性环境中,社会信息对个体态度和行为的影响。例如,Yam et al.(2018)探索了领导幽默行为能够通过影响下属规范违背可接受性感知(Perceived Acceptability of Norm Violation)间接影响下属的偏差行为。领导作为组织的重要信息源,了解和处理与领导相关的信息有助于下属理解组织规范,降低不确定性,因此,领导的幽默行为会影响下属对组织规范的理解,其认为组织中的规范违背是可以接受的。类似地,Chiu et al.(2016)的研究发现,领导的谦逊特质有助于共享领导的形成。Lau et al.(2008)指出,领导对某个员工的信任水平会影响其他员工对该员工的信任水平。

4.2 基于社会信息加工理论的人际信任演化整合模型

信任是个体基于积极预期的信念建立起来的甘冒风险的意图(Lewicki et al.,1998;Mayer et al.,1995),它是个体面对不确定性时的一种复杂性简化机制(Mechanism for the Reduction of Social Complexity)(Luhmann,1979)。由第3章的研究发现可知,在信任周期演化的过程中,个体始终被组织的社会信息包围,且个体的信息加工能够或快或慢地进行累积迭代。因此,本节将在前文研究的基础上,基于 Salancik et al.(1978)的社会信息加工理论以及 Zalesny et al.(1990)在 Salancik et al.(1978)的基础上拓展后的社会信息加工理论,整合信任演化三阶段,探讨演化规律,揭示信任演化的根本动力机制。图4-1展示了信任周期的双路径演化机制。

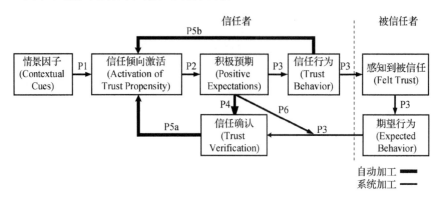

注:P 表示命题。

图 4-1 信任演化双路径模型

4.2.1 信任演化整合模型

本节的信任整合模型主要通过阐释信任建立、信任上升螺旋、信任破裂与下降螺旋,以及信任修复,整合阐述信任周期演化的规律和动力机制。

1. 信任建立

信任是个体在信任双方互动的基础上建立起来的,并会随时间和事件发生演化,是个体对社会信息进行自动加工和系统加工的结果(McEvily,2011)。在信任建立阶段之前,个体的信任倾向是一种较为稳定的内在特征,是个体相信他人的一般意愿(Mayer et al.,1995;McCarthy et al.,2017)。一般情况下,信任倾向不会明显触发个体对特定对象的信任,其需要在特定的情景中被激活,随后引发信任(Baer et al.,2018;Grant et al.,2009)。因此,信任倾向激活(Activation of Trust Propensity)是个体在特定情景下对特定对象信任倾向的反应,是一种状态水平(Levine et al.,2018)。

例如,Levin et al.(2006)发现,信任者作为社会信息加工者,在信任者与被信任者关系发展的初期,双方具有相似的年龄和相同的性别,有利于促进双方关系的进一步发展。

命题1(P1):信任的建立起始于个体在特定情景中知觉到信任倾向激活。

个体的信任倾向激活意味着个体对特定对象产生了信任倾向。依据社会信息加工理论,此时的个体作为一个目标明确的策略家会对这个特定对象进行相关信息的搜寻(Fiske et al.,2012;Yao et al.,2017)。例如,对对方值得信任的信息进行收集和加工(Changa et al.,2016),从而评估设置对对方的积极预期水平(Baer et al.,2018;Jones et al.,2016;Yakovleva et al.,2010)。

命题2(P2):个体的信任倾向激活能够促使个体评估建立对对方的积极预期水平。

积极预期水平的建立促使个体进行下一步的行动选择。社会信息加工理论指出,此时的个体存在两条选择路径:自动加工和系统加工(McEvily,2011;Zalesny et al.,1990)。具体来说,系统加工路径需要个体通过认知努力(Cognitive Effort)来整合并评估过往的已有信息以形成判断,它是一种需要花费精力的(Mindful)、深思熟虑的(Deliberate)、分析的(Analytic)过程,是由个体的"大脑"进行判断和决策的过程(艾炎等,2018;Zalesny et al.,1990)。信任者积极预期的建立,意味着其对被信任者值得信任的肯定,为使自身心理舒适和信任关系的尽快建立,信任者会选择采用一些试探性的信任行为(Trust Behavior)(Baer et al.，2022)，如工作支持(Halbesleben et al.，2015)、授权(Lee et al.，2018)、寻求帮助(Hofmann et al.，2009)等。根据社会信息加工理论，当被信任者感知到信任行为[即感知到被信任(Felt Trust)]的信息时，信任者的信任行为会直接影响被信任者，产生两种反应(Salancik et al.，1978)：一是吸纳信任者的友好行为，并用于指导自身今后行为(Rothers et al.，2023)，即产生期望行为[①]，如建议给予(Chua et al.，2008；Wang et al.，2010)、工作投入(马华维等，2021)、组织公民行为(Lau et al.，2014)、知识分享(Collins et al.，2006)等，这些行为会使得信任者感知到其积极预期的实现，并在对被信任者的行为进行归因后，确认信任(Trust Confirmation)；二是拒绝信任者的友好行为，即自利行为，如欺骗(Mason et al.，2018；Zhang et al.，2015)等，此时，信任违背发生。

命题3(P3)：在信任建立阶段，信任者的信任行为、被信任者感知到被信任和被信任者展示的期望行为连续中介了从积极预期到信任确认的系统加工过程。

此外，与系统加工路径相呼应的是自动加工路径，自动加工路径是个体对可得社会信息进行有偏编码的自证预言(Self-Fulfilling Prophecy)过程，较之于系统加工，自动加工是容易的(Effortless)、图式驱动的(Schema-Driven)信息处理过程(Shapiro et al.，1992；Zalesny et al.，1990)。当信任者对被信任者建立起积极预期，个体的认知惰性(Cognitive Inertia)(Good，1988)会促使个体采用直觉或经验进行评估和判断(Baer et al.，2018；Bapna et al.，2017；Chua et al.，2008；Fiske et al.，2012)，以达到个体期望与随后态度的相匹配。此时信任者会由"心"进行判断和决策(Baer et al.，2018；Chua et al.，2008)，对被信任者快速建立信心(Earle et al.，2006；Herian，2013)，直接确认信任。例如，在火灾救援现场，消防员们之间"快速信任"的建立基础是储存于消防员长期记忆系统中的训练经验催生出的对彼此之间的强烈信心，这是一个"信念飞跃(Leap of Faith)"的自动加工过程(Meyerson et al.，1996；Pratt et al.，2019)。

命题4(P4)：在信任建立阶段，自动加工路径是从积极预期直接到信任确认。

---

① 期望行为是一种符合信任者预期的积极行为，正如图2-1所示，这种符合信任者预期的行为会导致信任者的低信任确认或高信任确认。但有时会发生这样一种情况，即被信任者努力实施积极行为，却仍未达到信任者的预期，此时信任违背发生，即发生了被动违背的破坏性波动。

从个体在特定情景中获得信任倾向激活到信任确认的完成,意味着信任建立的完成(Luhmann,1988),但这并不是信任演化的结束。稳定持久的成熟信任需要个体对社会信息进行不断的更新、加工和迭代,从而维持、加强或修正信任(Ikonen et al.,2016;Korsgaard et al.,2015;Korsgaard,2018)。

2. 信任上升螺旋

个体的信任确认是个体对被信任者的一种肯定态度。社会信息加工理论指出,这种态度会激励个体在今后行动中与之保持一致,即当下态度能够使今后行动(Salancik et al.,1978)合理化。因此,信任确认态度会促使个体自动再次进行信任倾向激活,从而提高个体对被信任者的积极预期水平,开始新一轮的信任确认过程。类似地,信任建立过程中个体的信任行为不仅会影响被信任者的行为选择(即P3),还能够自我知觉地再次进行信任倾向激活,以保证个体对当下行为的承诺可以合理化今后的行动选择,即认知一致性。需要注意的是,不论是个体的信任确认还是信任行为,都是个体内在对于自身记忆容易检索的选择通达性(Selective Accessibility)促使其再次进行信任倾向激活的自动加工(Epley et al.,2005;Mikulincer,1998b;Mussweiler et al.,1999)。

命题5a(P5a):个体的信任确认能够促使个体进行再次的信任倾向激活,开始新一轮的"激活—确认"过程。

命题5b(P5b):个体的信任行为能够促使个体进行再次的信任倾向激活,开始新一轮的"激活—确认"过程。

个体信任倾向的再次激活,意味着新一轮信任加工过程的开始。通过"激活—确认"过程的不断累积迭代,信任上升螺旋得以实现。需要强调的是,在此过程中,随着自动加工和系统加工的不断累积,个体一直在处理与之前一致或相似的社会信息,这会促使个体将这些过程进行常规化处理,在信任者和被信任者之间形成一种相对稳定的互惠状态或互惠氛围,进而促使信任的合理化(Butler,1999;Kasten,2018);同时,对于个体的记忆存储系统来说,这是一个从短期记忆转变为长期记忆的过程,可以帮助个体实现从系统加工到自动加工的转变(McEvily,2011;Zalesny et al.,1990)。

3. 信任破裂与下降螺旋

正如上文所述,面对信任者的信任行为,有时被信任者会忽视信任者的信任行为,选择通过自利行为获得利益,此时信任违背发生。从信任违背到信任破裂需要一个时间段,根据社会信息加工理论,被信任者的自利行为会让信任者知觉到其积极预期的破灭，并在对被信任者的行为归因后，确认违背。需要注意的是，正如图2-1和图2-2所示，破坏性波动除了包括被信任者基于自利行为的主动信任违背，还包括被信任者未满足信任者预期的失败期望行为（Failed Expected Behavior）所造成的被动信任违背（Kelley et al.，2014；Mason et al.，2018）。在信任发展和演化过程中，被动信任违背是人们容易忽视却又时常发生的情况。造成被动信任违背的原因有二：一是信任者一开始就对被信任者做出错误的判断，设立过高的期望值；二是在信任上升螺旋阶段中，信任者的预期会随着"激活—确认"过程的迭代累积而逐渐攀升，最终造成被信任者的行为不能满足信任者的过高预期。对于被动信任违背而言，被信任者的意图是建立并维持信任，却在无意间未能满足期望，违背信任，而此时信任者的判断标准仍是被信任者是否实现自己的预期。

命题6(P6)：信任者的积极预期对被信任者的期望行为和信任者的信任确认间的关系具有调节作用。当信任者的积极预期水平高(低)时，期望行为对信任确认的正向效应会被削弱(增强)。

信任违背作为一个不同于过往的显著信息（Salient Information）或是一件锚定事件，会促使信任者怀疑之前评估信息的准确性，甚至否定自己之前的选择（Ballinger et al.，2010；Kim et al.，2009）。因此，违背确认机制与信任确认机制的作用正好相反，信任者的违背确认和被信任者不符合预期的行为会抑制个体的信任倾向再激活（即P5a和P5b），进而降低个体对被信任者的积极预期，开启信任下降螺旋（Ferguson et al.，2015）。例如，Lount Jr. et al.（2008）基于"囚徒困境"的实验指出，个体对于违背事件具有敏感性，被信任者的自利行为会显著降低个体今后对其的信任倾向，不符合预期的行为犹如一颗不信任的种子，它对信任的长期演化结果具有毁灭性的破坏能力。

4. 信任修复

信任的修复是需要信任者和被信任者双方的共同努力的（Kim et al.，2009）。基于信任演化周期双路径模型，对于被信任者来说，无论采取何种形式的修复策略，其目的都在于给予信任者一个积极信号，他们具有信任修复的意愿，渴望获得原谅，并继续维持信任关系（Butler et al.，2013）。换言之，被信任者的修复策略的作用在于，通过重新激活信任者的信任倾向，重建积极预期，扭转信任下降螺旋的不利局面，而转向信任重建，甚至是信任向上螺旋（Dirks et al.，2009）。此外，对于未能满足预期的被动信任违背，被信任者可以通过破坏性自我表露来向信任者提供其过往不了解的一些信息,促使信任者对其进行重新评估并设置合理的预期水平,以维持信任(Gibson,2018)。

对于信任者来说,信任违背造成的原有预期与现实情况的落差,会使信任者产生认知失调。因此,在面对信任修复时,信任者可能没有修复意愿,也可能具有修复意愿。基于信任演化周期双路径模型,一方面,如果信任者不具有修复意愿,在自动加工方式上,信任者会将违背事件作为一种锚定事件,关注和强调被信任者的过失,形成偏差放大循环(Deviation-Amplifying Loops),腐蚀信任;而对于系统加工,个体可能无法说服自己继续表现出信任行为,系统加工中断。另一方面,如果信任者具有修复意愿,对于自动加工,信任者会聚焦和强化被信任者值得信任的信息,弱化违背事件,再次直接确认信任(Caldwell,2009;Kay et al.,2008;Ma et al.,2017);对于系统加工,信任者会尝试接着表现出与当前积极预期水平相应的信任行为,并期待被信任者接下来的行为,开启新一轮的信任验证过程。

总之,通过以上分析可知,个体在信任建立、破裂和修复的过程中,始终伴随着对社会信息(包含情景触发因子、个体自身或对方的态度和行为等)进行"激活—确认"的自动和系统加工机制。在信任演化周期中,个体信任倾向的激活、加强或弱化是开启信任演化新阶段的关键(即P1、P5a 和P5b),随后进行的自动加工(即P4)和系统加工(即P3 和P6)的作用都在于帮助个体合法化自身的判断和选择,并以此继续开启下一阶段的活动,重新强化或弱化自身的信任倾向。此外,自动加工的实质是个体自证预言的过程,即个体基于已有积极预期内在进行的有偏编码过程;对于系统加工来说,它是一个双方共同参与的互动过程,积极预期的设定促使个体展示出信任行为,进而期待并观察对方的行为,从而进行判定和解读,完成态度确认。

因此,"激活—确认"的信息加工机制贯穿于信任演化全过程,社会信息的累积、迭代与更新是信任动态扩展或收缩的动力。不同演化阶段的不同社会信息量铸就了不同程度的信任倾向强度和积极预期水平,从而实现了信任演化进程中的更新与迭代,实现了信任的或维持或加强或修正的循环。

4.2.2 讨论

由于信任是个体基于积极预期的信念建立起来的甘冒风险的意图,是个体面对不确定性时的一种复杂性简化机制,因此,虽然目前学界已经拥有众多关于组织内人际信任的研究,但现有研究大多数专注于信任演化的某一阶段,缺乏对信任演化周期的系统研究,这不利于深入了解和揭示信任演化的本质。本节从信任"建立—破裂—修复"的演化周期系统视角,基于社会信息加工理论,整合阐述各阶段不同的社会信息如何促进信任演化,以及演化各阶段间如何相互作用及相互影响,揭示信任演化中的"激活—确认"循环信息加工机制。本章研究的理论价值主要体现在如下两个方面。

第一,基于社会信息加工理论建立信任演化周期的双路径整合模型,用自动加工和系统加工的双路径动力阐述信任演化中的各项因素的相互作用,揭示隐藏在信任演化背后的"激活—确认"循环信息加工机制。信任演化的复杂性与随机性常让学者们不得不对其进行分阶段研究,以试图抓取演化背后的部分轨迹与规律(Gillespie,2017)。遗憾的是,分阶段研究的结果常展现出线性的动力机制(Schaubroeck et al.,2013;Smith et al. 2017;Wang et al.,2018),缺乏对信任演化非线性的动力解释,更无法揭示信任演化背后一以贯之的机制。基于社会信息加工理论的信任演化周期模型认为,个体在组织中的态度和行为不仅取决于自身的需求和目标,而且在很大程度上会受到外在社会环境信息的影响。换言之,个体对于社会信息的处理始终贯穿于信任演化周期各个阶段,个体对社会信息的知觉和诠释是决定个体行为和态度的关键(Salancik et al.,1978;Thomas et al.,1983;Zalesny et al.,1990)。在此过程中,"激活—确认"循环信息加工机制既能够分阶段阐述信任建立、破裂和修复机制,更能够整合阐明信任演化各阶段相互影响的本质。例如,除了被信任者的自利行为会导致信任破裂之外,信任者突然不信任对方,发生"反转"的原因可能是被信任者的互惠行为无法满足信任者在上升螺旋中节节攀升的积极预期,造成期望越大,失望越大;相同修复策略有时却有不一样的修复效果的原因,除了修复策略自身的特点外,还有可能是修复方式未能重新激活信任者的信任倾向,不符合信任者的积极预期水平,致使修复效果不理想;而信任可以重新建立的原因,除了被信任者的积极主动修复外,还有可能是信任者根据过往体验,不断下调并重新设置恰当的积极预期水平。

第二,基于自动加工和系统加工的双路径演化模型补充和完善了 Zand(1972)的人际信任螺旋模型。Zand(1972)认为,人际信任演化主要受三个动力因素的影响,分别是相互间的信息开放度、面对共同目标的相互影响力和不利用他人易受伤害性的控制力,并由此建立信任螺旋模型,用以解释信任演化机制(Zand,1972,1997,2016)。不难发现,Zand(1972)的人际信任螺旋模型侧重于解释信任者和被信任者间的人际互动对于信任建构的影响(Ferguson et al.，2015；Ferrin et al.，2008)，即个体在信任建构中的系统加工机制。社会信息加工理论认为，个体作为社会环境信息的有机适应体，对社会信息存在两条加工路径：自动加工和系统加工。因此，信任的建构除了拥有 Zand(1972)强调的基于信任双方互动的系统加工过程，还拥有个体内在的自动加工过程。自动加工路径是个体基于积极预期水平和自身过往的经验而进行的信息有偏编码加工过程。需要说明的是，自动加工和系统加工并非两条对立的路径，相反，自动加工和系统加工是相辅相成的，在一定条件下可以实现相互转换(Damasio，2005；Evans，2008；Kahneman，2011；Zalesny et al.，1990)。例如，个体是有能力将长期相似的系统加工进行常规化处理，进而将系统加工的短期记忆编入自动加工的长期记忆系统中，实现系统加工到自动加工的转化(Fallon et al.，2017；Song et al.，2012)。

4.3 进一步的研究设计

通过前文的研究可知，在信任演化三阶段——信任建立、信任破裂和信任修复中，"激活—确认"的循环信息加工机制始终贯穿于全过程，这种机制推动了信任演化进程中各类社会信息的更新与迭代，从而实现了信任的或维持或加强或修正的循环。

通过信任演化周期双路径模型，可以将信任演化三个阶段归纳为两种演化形态——上升螺旋和下降螺旋。首轮"激活—确认"机制的完成意味着信任建立的完成，此后，在社会信息的更新迭代中，个体或可用社会信息维持当前的信任水平，或可用社会信息更新信任水平。具体来说，如若社会信息对信任演化有建设性作用，则信任会朝着积极方向演化，在积极预期不断累加的过程中实现上升螺旋；如若社会信息对信任演化有破坏性作用，则信任会朝着消极方向演化，在积极预期不断下降或消失的过程中实现下降螺旋。

因此，在接下来的量化研究中，将继续以社会信息加工理论为基础，聚焦于组织中的垂直关系——上下级关系，分别探究信任上升螺旋和下降螺旋的内在过程与机制，进而尝试揭示组织内上下级间信任实现稳定性演化和去稳定性演化的内在机制。

具体来说，在组织中，高质量的稳定信任能够帮助上下级间打破权力与利益的束缚,建立共同成长与长久稳固的人际关系(Barsade et al.,2016;Mishra et al.,2012;Searle et al.,2018)。McAllister(1995)将信任分为认知信任与情感信任,并且,有众多学者认为,认知信任是发展情感信任的基础,只有当个体对领导或下属的绩效或能力产生积极的感知(即认知信任)时,个体才有意愿发展更进一步的情感联系(即情感信任)(Lewicki et al.,1996;McAllister,1995;Schaubroeck et al.,2013;Van Knippenberg,2018)。

　　因此,在接下来的第5章和第6章的研究中,将采用问卷调查和实验法,探究信任上升螺旋中的一种特殊形式——信任升级,即探究上下级间从认知信任到情感信任的转变机制,从而揭示上下级间实现信任稳定性的演化机制。在第7章的研究中,将通过问卷调查法,探究信任下降螺旋中的特殊形式——信任降级,即从情感信任到认知信任的转变机制,以此揭示信任去稳定性的演化机制。

第 5 章

上下级间信任的稳定性演化机制(1)：问卷研究

Chapter 5　The Stability Mechanism of Trust Dynamics Between Superiors and Subordinates (1)：A Survey Study

第 5 章　上下级间信任的稳定性演化机制(1)：问卷研究
Chapter 5　The Stability Mechanism of Trust Dynamics Between Superiors and Subordinates (1)：A Survey Study

上下级间高质量的信任关系有助于组织中的个体形成积极的工作态度并获得职业成功(Fulmer et al.，2017；McCarthy et al.，2017)。信任是个体的一种心理状态，是一方基于对另一方的积极预期，自愿暴露自身的易受伤害性，承受可能被另一方伤害的风险。信任可以被分为认知信任和情感信任。认知信任是建立在另一方是值得信任的基础上，一方相信另一方具有可靠性(Dependability)和可依赖性(Reliability)的；情感信任是建立在相互的人际关怀的基础上，一方对另一方的情感表露是真诚的，且相信另一方也会给予积极的回应(McAllister，1995；Schaubroeck et al.，2011)。个体的认知信任与情感信任具有不同的关注点：认知信任更注重工具性(Instrumental)和理性(Rational)的社会交换；情感信任更关注于情感依恋(Emotional Attachment)和人性(Humanity)(Chua et al.，2008；Colquitt et al.，2012；Schaubroeck et al.，2011；Wang et al.，2010)。较之于上下级间以理性社会交换为基础的认知信任，高质量的上下级关系应具有超越认知信任所强调的社会交换，并更进一步包含彼此间真挚关怀的情感信任(Chandler et al.，2011)。具体来说，较之于情感信任，在现代组织中，上下级间的认知信任更容易建立，它有利于降低不确定性，但对于双方关系的进一步发展助力不多，而上下级间基于认知信任建立的情感信任①则是持久稳定的高质量关系不可或缺的一部分，它能够提升上下级间的沟通效率，有助于上下级间的相互学习和共同成长，提高个体在组织中的幸福感(Well-Being)(白云涛，2013；Barsade et al.，2016；DeRue et al.，2010；Qiu et al.，2022)。例如，具有高质量情感信任的上下级间的凝聚力、社交需求和情感需求的满足感要高于只具有认知信任的上下级(Carter et al.，2015；Costiganet et al.，2013；De Cremer et al.，2006；Pillemer et al.，2018)。因此，探讨上下级间的认知信任如何转变为情感信任对个体在组织中的发展具有十分重要的意义。

然而，认知信任和情感信任在大多数研究中常被认为具有正交关系或简单的相关关系(例如，王雁飞等，2021；Chua et al.，2008；Colquitt et al.，2012；Yang et al.，2009)，尚未有研究关注二者的转变机制。此外，在时间的作用下，

---

① 通过第 3 章的案例研究可知，存在一种情况：较之于认知信任需要个体评估了解另一方的能力，情感信任有时只需要个体对另一方产生共情即可快速建立，但快速建立的信任意味着双方关系基础的薄弱，在面对外界的不确定性时，也更容易崩塌。因此，本章所强调的高质量的情感信任，是基于认知信任建立起来的，它更为稳定和牢固。

"信任引发信任"(Ferrin et al., 2008；Halbesleben et al., 2015；Zand, 1972)，且一种形式的信任可以转变为另一种形式的信任(Lewicki et al., 1996；McAllister, 1995；Newman et al., 2016；Rousseau et al., 1998；Schaubroeck et al., 2013)，但缺乏对信任具体转变机制的了解，这不利于深入洞察人际信任的具体演化机制(Gillespie, 2017)。

因此，为解决这一挑战，本章将基于社会信息加工理论(Salancik et al., 1978；Zalesny et al., 1990)来解释上下级间的认知信任是如何转化成情感信任的。社会信息加工理论认为，在不确定的环境中，个体不会对所有的信息都进行解读，而是选择与自己相关的信息，或是通过挑选与自己相似的人的观点作为信息源进行解读，从而调整自己的态度和行为(Salancik et al., 1978)。本研究认为，当个体认知信任领导或下属时，他们会依照自己的这种信任态度来塑造接下来的行为，即认知互嵌行为(Cognitive Mutual-Embeddedness Behavior)。认知互嵌行为是个体通过获取行为(Taking Behavior)——建议寻求(Advice-Seeking)行为，和给予行为(Giving Behavior)——建议给予(Advice-Giving)行为，与另一方进行的对话式互动(Dialogical Interaction)，并通过互动来影响对方和自身的认知。根据社会信息加工理论，个体通过与他人的沟通获取有用信息，并据此对相关事件进行解读和诠释。因此，个体的认知互嵌行为会促使双方相互学习，互通有无，同时，通过认知互嵌行为，双方会共同进行意义建构(Sense-Making)和意义赋予(Sense-Giving)，发现并挖掘自身与对方的深层相似性(Deep-Level Similarity)，形成相互的关系依恋(Relational Attachment)。当关系依恋形成后，个体会给予与另一方相关的信息更多的权重，并将另一方的过往行为诠释为真挚的关怀，因而情感信任形成。

本章研究将从三个方面对人际信任有关领域的研究做出贡献。第一，本章基于社会信息加工理论，从上下级对偶关系视角，解释了信任升级转化问题，即认知信任到情感信任的升级转化机制。第二，补充和完善了Zand(1972)的人际信任螺旋模型，信任螺旋上升路径不仅包含个体间(Interpersonal)的上升路径，还包含了个体内(Intrapersonal)的上升路径。第三，提出认知互嵌行为的概念来解释个体间基于获取和给予的对话式互动行为，它是个体从认知信任转化为情感信任的关键。图5-1呈现了本章研究的概念模型。

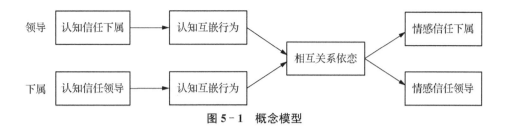

图 5-1 概念模型

5.1 理论背景与研究假设

本节将通过理论推导认知信任与认知互嵌行为的关系、认知互嵌行为与关系依恋的关系、关系依恋与情感信任的关系,以及从认知信任到情感信任的中介效应,具体阐述本章概念模型的生成过程。

5.1.1 认知信任与认知互嵌行为

认知信任是指个体对另一方与绩效相关的认知,如能力、责任、可靠性和可依赖性等的信任(Colquitt et al.,2011;McAllister,1995;Schaubroeck et al.,2011)。上级认知信任下属意味着上级对下属能力的认可,相信下属可以在不受监督的情况下完成任务(Ladegard et al.,2014),此时,上级愿意授权下属,安排下属完成某些挑战性任务,并赋予一定的自主权(Rezvani et al.,2016)。类似地,下属认知信任领导意味着下属认可领导的能力,相信自己可以从领导身上学到一定的技能或能力,此时,下属愿意与领导进行一些探索性行为,如建言,来获得自身职业的发展(Gao et al.,2011)。

社会信息加工理论认为,个体作为一个适应有机体,会基于自身的过往态度(即认知信任)塑造接下来的行为(Salancik et al.,1978)。也就是说,当个体认知信任其上级或下属时,会愿意进行某些冒险性行为,如暴露自身的弱点或贡献自身的特有资源,与信任对象共同完成个体无法单独完成的任务(McEvily et al.,2003;Rezvani et al.,2016)。

具体来说,一方面,认知信任意味着信任者愿意在被信任者面前暴露自身能力方面的不足,向被信任者寻求建议,并与之建立并维持积极的关系(Hays et al.,2011;Pablo et al.,2007)。建议寻求行为是一种知识获取的方式,它指的是个体通过向他人寻求有用的信息来帮助自己解决所遇困境的一种行为,建议寻求可以为个体提供新知识,促使个体自我提升(段锦云等,2019;Heyden et al.,2013)。

对领导而言，向下属寻求建议可以获得之前未曾考虑到的"接地气"的观点（Alexiev et al.，2010），同时，向下属寻求建议会被下属认为是一种授权（Mishra et al.，2012）和上级对其认知信任的具体体现（Salancik et al.，1982）；对下属而言，常将领导视为导师，认为领导经历过了其在职业发展中目前正在经历的（Crawshaw et al.，2015），从其认知信任的领导处寻求建议可以获取"过来人"的经验，有利于自身的职业提升（Huang et al.，2017）。此外，建议寻求可以加强领导和下属之间的联系，是认知信任的具体体现形式（Nifadkar et al.，2019）。

另一方面，认知信任使得个体有动力自愿向被信任者提供资源，如给予建议，帮助对方提升自我，而不必担心被对方利用（Jones et al.，1998；McEvily et al.，2003；Nelson，2016）。建议给予是个体共享知识的一种方式，它指的是个体通过向他人提供有用的信息来帮助他人解决所遇困境的一种行为（Goldsmith et al.，2006）。对领导而言，主动向下属给予建议是领导给予下属工作支持的一种体现，意味着领导希望下属的能力可以不断提升，职业成长加快，以应对未来更具挑战性的任务（Srivastava et al.，2006）；对下属而言，向领导给予建议意味着下属希望领导更加优秀，可以和领导共同成长，同时，向领导给予建议也是下属向领导展示能力的一种方式（Lee et al.，2010）。

本书引入"认知互嵌行为"这一概念来整合建议寻求和建议给予这两种行为。认知互嵌行为是个体通过获取行为（即建议寻求）和给予行为（即建议给予），与另一方进行的一种对话式的互动，从而提升自身认知，并影响对方认知的行为。个体的认知互嵌行为表明个体既信赖对方的能力，又愿意展示自身的长处并暴露自身的短处来与对方共同建构和完善知识网络，相互提升。因此，认知互嵌的行为与认知信任的态度是匹配的。根据社会信息加工理论，认知信任会促使个体突出与对方能力有关的显著信息，并对此进行深度加工和分析，从而展示个体的认知互嵌行为（Colquitt et al.，2011；Mayer et al.，2005；Zalesny et al.，1990）。

假设 1a：领导对下属的认知信任与领导的认知互嵌行为存在正向关系。

假设 1b：下属对领导的认知信任与下属的认知互嵌行为存在正向关系。

5.1.2 认知互嵌行为与关系依恋

建议寻求是个体通过获取对方"隐蔽区（Hidden Area）"的内容来填补自身的"盲目区（Blind Area）"，建议给予是个体通过共享自身的"隐蔽区"来填补对方的"盲目区"，并且，双方通过这种获取和给予行为，能够发现他们共同拥有的"开放区(Open Area)"，挖掘开发他们之前双方都未知的"潜能区(Unknown Area)"，即认知互嵌行为可以打开和挖掘双方的"约哈里之窗"(Luft et al., 1969)。更进一步，认知互嵌行为这种对话式的互动能够促使双方共同进行意义建构和意义赋予(Stigliani et al., 2012)。因此，认知互嵌行为不仅能够提升个体的知识网络，还可以促使双方共同探讨和生成新知识，揭明彼此的"潜能区"，产生相互的关系依恋(Lewicki et al., 1996)。关系依恋是一种心理纽带(Psychological Bond)，反映了工作中的个体对他人在亲密(Closeness)、承诺(Commitment)和依恋(Attachment)等联结方面的感知(Ehrhardt et al., 2019; Kahn, 2007)，它是一种超越了领导-下属关系的情感纽带。

具体来说，个体对另一方的给予行为，对另一方而言，就是获取行为；同样地，个体对另一方的获取行为，对另一方而言就是给予行为。因此，个体的认知互嵌行为意味着个体与他人的互动，在循环往复的认知互嵌的互动中，领导和下属会进行相互学习，互通有无，共同思考，互相影响，确认彼此的"开放区"，填补彼此的"盲目区"，并共同更新和生成新的信息和知识(Luft et al., 1969; McEvily et al., 2003)。根据社会信息加工理论，个体在与他人的沟通互动中，获得有关信息，并对其进行解读和诠释(Salancik et al., 1978)，因此，循环迭代的获取和给予行为，会促使双方共同进行意义建构和意义赋予。当他们的意义建构和意义赋予存在重叠时，领导和下属均会产生新的认知，这个新的观点或意见就处于约哈里之窗的"潜能区"。

更进一步，领导和下属之间共同思考和相互影响的认知互嵌行为能够帮助个体确认"开放区"，分享"隐蔽区"，填补"盲区"，探索"潜能区"，这种过程具有传染性(Van Knippenberg et al., 2016)，它会激励领导和下属对社会信息进行系统加工，而非自动加工(Marton et al., 1976a, 1976b; Zalesny et al., 1990)。社会信息加工理论指出，经过系统加工，个体会感知到彼此之间超越人口统计学意义上的表层相似性，挖掘到彼此之间的深层相似性(例如，共同的见解、价值观或信仰)(Luft et al., 1969; Stigliani et al., 2012; Zalesny et al., 1990)，彼此间产生尊重与依恋(Goldsmith et al., 2006)，获得情感上的共鸣，即相互的关系依恋。

假设2a：领导的认知互嵌行为与相互关系依恋存在正向关系。
假设2b：下属的认知互嵌行为与相互关系依恋存在正向关系。

5.1.3 关系依恋与情感信任

相互的关系依恋意味着彼此间相互亲近,且具有深层相似性(Ehrhardt et al.,2019;Kahn,2007)。社会信息加工理论指出,个体更愿意给予与之相似的个体,尤其是具有深层相似的个体以更多的关注,个体间的相似程度越高,个体就越容易赋予对方信息以更多的参考权重和意义(Salancik et al.,1978)。因此,关系依恋的形成会促使个体给予对方过往的信息以更多的参考权重,并会对过往信息进行再诠释,此时,个体更容易将对方的认知互嵌行为诠释为真挚的关怀,情感信任由此形成(Caza et al.,2015)。

具体来说,个体会放大来自与其具有深层相似性的个体的社会信息(March,2010),通过吸纳对方观点,加深或转化形成对自身需求、认知和价值观的理解,这种理解不仅有助于个体的工作,而且对个体的生活也会产生影响(Kramer et al.,1996;Salancik et al.,1978)。此外,关系依恋会通过揭示个体的内隐信息来显示对方的为人(Humanness),突出个体与对方的归属(Affiliation)关系(Ferguson et al.,2015;Ferrin et al.,2008)。情感信任在关系依恋的这些内隐信念或信息中得以生成,此时的个体会相信对方是真诚的,彼此是愿意花费努力实现共同成长的(Lioukas et al.,2015)。对于领导而言,关系依恋会促使领导更加关注和喜爱下属,并把下属当作伙伴(Ally),而非仅是工作上的下属(Lankau et al.,2005);对下属而言,关系依恋会让下属从领导身上感知到温暖,促使下属对领导做出情感承诺等(Lankau et al.,2005;Zheng et al.,2017)。

假设3a:相互关系依恋与领导对下属的情感信任存在正向关系。

假设3b:相互关系依恋与下属对领导的情感信任存在正向关系。

5.1.4 从认知信任到情感信任的中介效应

信任不仅会影响个体对与之相互依赖的另一方的评价,还会影响个体对另一方过往及当下态度、行为及动机的诠释(Dirks et al.,2001)。信任能够有效地降低环境的不确定性与模糊性,这对领导-下属关系是至关重要的(Dirks et al.,2001;Luhmann,1979)。McAllister(1995)认为,认知信任是一种基线水平(Baseline)的信任,当个体间实现认知信任后,个体会有动力和渴望与对方实现情感上的依恋,也就是情感信任。基于认知信任转化而来的情感信任比基于表层相似性(例如,性别、年龄、籍贯等)建立起来的"快速"的情感信任会更加稳定和持久。

在上文的推断中,假设了领导对下属的认知信任会正向影响领导的认知互嵌行为,领导的认知互嵌行为会正向影响关系依恋,关系依恋则会正向影响领导对下属的情感信任。因此,结合上述这些假设,可以推断出连续中介假设,即通过领导的认知互嵌行为和随后的关系依恋这一连续中介来建立领导的认知信任和情感信任之间的联系。下属的认知信任和情感信任之间的转化路径与领导的认知信任和情感信任的转化路径类似。

假设4a:领导对下属的认知信任与领导对下属的情感信任的关系被领导的认知互嵌行为和相互关系依恋连续中介。

假设4b:下属对领导的认知信任与下属对领导的情感信任的关系被下属的认知互嵌行为和相互关系依恋连续中介。

5.2 研究方法

5.2.1 研究对象与数据收集

本研究采用问卷调查法,在多家保险公司收集数据。首先,研究者面向企业内部招募"联络人","联络人"负责在组织内寻找愿意参加本研究的领导,并由领导根据随机原则——当天见到的第一位下属(如果这位下属不愿意参加,则依次顺推),选择一位下属配对参与调研。随机选择1对1的领导-下属配对参与调研的原因有三:(1)随机选择有助于减少领导在选择下属过程中可能存在的潜在偏见;(2)可以减少领导的调查疲劳(Survey Fatigue),即通过要求领导仅对其一位下属(而非其所有的下属)进行评分来提高问卷回答的质量;(3)采用多来源评价法,有助于减少共同方法偏差(Nifadkar et al., 2019; Wang et al., 2010; Wee et al., 2017)。在施测前,由"联络人"确定好参与人员名单,研究者随后进行编号,以便后期问卷匹配。研究者在与被试的最初接触中,提供了关于研究的总体概况(例如,三阶段研究、领导-下属关系研究),但没有向被试透露具体的研究假设,且研究者告知被试可以随时退出研究。

本研究采用三时点测量,每次测量间隔两周(Fulmer et al., 2017; Kim et al., 2018),问卷通过"问卷星(www.wjx.cn)"线上平台发放。每位被试每填答一次问卷会收到10元报酬,如果其能够完成三次调研,还会额外收到20元奖励。每个时间点均会测量认知信任、认知互嵌行为、关系依恋和情感信任变量,此外,时间点1额外收集被试的基本人口统计学变量、信任倾向和制度信任等控制变量。

在时间点1,邀请247组(即494人)领导-下属配对参与调研,回收有效问卷231组;间隔两周后,在时间点2,邀请231组完成了时间点1调研的领导-下属继续配对参与调研,回收有效问卷224组;再次间隔两周后,在时间点3,邀请224组完成了时间点2调研的领导-下属继续配对参与调研,回收有效问卷217组(即434人),本次调研问卷回收率为87.85%。在领导样本中,男性占44.70%,平均年龄38.02岁,本科及以上学历占98.62%,任职时间平均为4.18年,与下属共事时间平均为2.93年;在下属样本中,男性占36.40%,平均年龄32.01岁,本科及以上学历占94.93%,任职时间平均为3.16年。

5.2.2 测量工具

本研究采用"翻译-回译"程序将英文量表翻译成中文(Brislin,1986)。除下文有特殊说明外,量表均采用李克特7点计分法,从"1"到"7"表示符合程度由低到高。

认知信任和情感信任:采用McAllister(1995)开发的信任量表(10题),其中,5题测量认知信任,如"我的上司/下属用专业和奉献的态度来对待工作""根据我上司/下属的过往业绩,我没有理由怀疑他的工作能力和态度"($\alpha=0.89$);5题测量情感信任,如"能够与上司/下属自由地谈论我在工作中遇到的困难,我知道他愿意倾听""如果我们不能再一起合作了,我们都会有失落感"($\alpha=0.90$)。

认知互嵌行为:采用Alexiev et al.(2010)开发的建议寻求量表(3题)和Alexiev et al.(2010)开发的建议给予量表(3题),例题分别如"我的上司/下属从我这获得了关于当前工作有益的建议和信息""我的上司/下属给予了我关于将来工作有益的建议和信息"。两个量表的6个题项的验证性因子分析(CFA)结果说明,认知互嵌行为的建议寻求和建议给予两个维度是合适的[$\chi^2(4)=7.55, p<0.05$;CFI=0.99,TLI=0.99,RMSEA=0.05],本研究中两个维度的α分别为0.88和0.87。领导(下属)的认知互嵌行为由下属(领导)进行评价。

关系依恋:采用Ehrhardt et al.(2019)开发的关系依恋量表(6题),如"和上司/下属的交谈总是愉快的""我可以和上司/下属成为亲密的朋友"。相互关系依恋通过聚合领导和下属的关系依恋评分得到,聚合后的相互关系依恋的$r_{wg(j)}$中值为0.91,浮动范围为0.69~1.00,这说明通过聚合得到的相互关系依恋是合理的,即领导和下属对他们的关系依恋有共同的认知,具有较好的内部一致性。

控制变量:本研究除将基本人口统计学变量(例如,性别、年龄、教育程度、职位、任职时间、上下级关系时间)作为控制变量外(Halbesleben et al., 2015; Martin et al., 2018),还将个体的信任倾向和制度信任(Institutional Trust)作为控制变量。

信任倾向反映的是个体对他人普遍意义上的信任感(Ferguson et al., 2015; Rotter, 1971),它是信任的一个重要前因变量(Baer et al., 2018; Colquitt et al., 2007; Mayer et al., 1995; Yao et al., 2017)。信任倾向采用 Schoorman et al. (2016)开发的量表(4题)进行测量,如"大多数人言行一致""大多数人能够胜任自己的工作"($\alpha=0.81$,1=非常不符合,5=非常符合)。

此外,个体的制度信任反映的是个体对组织制度的信任程度,过往研究表明,拥有高制度信任的个体更容易对团队成员产生信任(Lamertz et al., 2017; Ng et al., 2016; Yao et al., 2022)。制度信任采用 Liao(2008)开发的量表(4题)进行测量,如"团队成员会分享工作成果,因为我们一直被告知,在团队中成员间要相互协作""我的团队成员会按时提交成果,因为在项目中,延迟提交将拉低团队绩效"($\alpha=0.86$)。

5.2.3 验证性因子分析与模型比较

为检验本研究中主要变量的结果效度和区分效度,本章对认知信任、认知互嵌行为、关系依恋和情感信任进行验证性因子分析。结果如表5-1所示,与其他3个竞争模型相比,四因素模型拟合指数均达到要求:$\chi^2(184)=399.37$, $p<0.001$;CFI=0.97,TLI=0.96,RMSEA=0.05,这说明本研究中的4个变量具有良好的区分效度。

表5-1 验证性因子分析与模型比较

模型	χ^2	df	$\Delta\chi^2$	Δdf	CFI	TLI	RMSEA	SRMR
1. 四因素	399.37	184	—	—	0.97	0.96	0.05	0.04
2. 三因素	1 111.89	201	712.52	17	0.87	0.84	0.10	0.08
3. 二因素	1 582.63	205	1 183.26	21	0.80	0.77	0.12	0.09
4. 单因素	2 064.97	207	1 665.60	23	0.72	0.69	0.14	0.09

注:$N=434$。模型1(四因素)包含所有的4个研究变量;模型2(三因素)将认知信任和

情感信任合并为一个因子;模型3(二因素)将认知信任和情感信任合并为一个因子,将认知互嵌和关系依恋合并为一个因子;模型4(单因素)将所有变量合并为一个因子。

5.3 分析结果

5.3.1 描述性统计

表5-2展示了本研究所有变量的均值、标准差、内部一致性系数α以及变量之间的相关系数。由表5-2可知,领导的认知信任与认知互嵌行为($r=0.53, p<0.001$)、关系依恋($r=0.20, p<0.01$)、情感信任($r=0.51, p<0.001$)呈显著正相关。下属的认知信任与认知互嵌行为($r=0.48, p<0.001$)、关系依恋($r=0.26, p<0.001$)、情感信任($r=0.51, p<0.001$)呈显著正相关。这些初步分析都符合本研究的理论预期,适合做进一步的分析检验。

5.3.2 假设检验

本研究使用软件Mplus 7.4(Muthén et al.,2015)进行统计分析,表5-3和表5-4呈现了连续中介回归的结果。如表5-3所示,领导对下属的认知信任能显著地正向影响领导的认知互嵌行为($B=0.50, p<0.001$),下属对领导的认知信任能显著地正向影响下属的认知互嵌行为($B=0.29, p<0.01$),因此,假设1a和假设1b都得到了支持。关系依恋可以被领导的认知互嵌行为($B=0.33, p<0.001$)和下属的认知互嵌行为($B=0.40, p<0.001$)显著地正向预测,因此,假设2a和假设2b都得到了支持。关系依恋同领导对下属的情感信任($B=0.47, p<0.001$)和下属对领导的情感信任($B=0.47, p<0.001$)均具有显著的正向关系,因此,假设3a和假设3b都得到了支持。

假设4a认为,领导的认知互嵌行为和关系依恋可以连续中介领导对下属的认知信任和情感信任的关系,正如表5-4所示,领导对下属的认知信任到情感信任的关系被领导的认知互嵌行为和关系依恋连续中介的间接效应是正向显著的($B=0.08$, 95%置信区间[0.042, 0.134]),因此,假设4a得到支持。同理,下属对领导的认知信任到情感信任的关系被下属的认知互嵌行为和关系依恋连续中介的间接效应是正向显著的($B=0.06$, 95%置信区间[0.019, 0.105]),支持假设4b。

第5章 上下级间信任的稳定性演化机制(1):问卷研究
Chapter 5 The Stability Mechanism of Trust Dynamics Between Superiors and Subordinates (1): A Survey Study

表5-2 各研究变量的均值、标准差与相关矩阵

变量	M	SD	1	2	3	4	5	6	7	8	9	10	11
1. 性别领导	0.55	0.50	—										
2. 性别下属	0.64	0.48	0.38***	—									
3. 年龄领导	38.02	7.18	-0.01	-0.10	—								
4. 年龄下属	32.01	6.98	0.06	-0.11	0.26***	—							
5. 教育程度领导	3.07	0.71	-0.11	-0.03	-0.12	-0.10	—						
6. 教育程度下属	2.84	0.77	-0.17*	-0.06	-0.05	-0.27***	0.45***	—					
7. 职位领导	2.54	0.58	-0.17*	0.09	0.15*	-0.02	0.11	0.09	—				
8. 职位下属	1.26	0.61	-0.14*	-0.07	0.24**	0.13	-0.07	0.08	0.31***	—			
9. 任职时间领导	4.18	3.70	0.12	0.05	0.39***	0.18**	-0.06	-0.12	0.06	0.07	—		
10. 任职时间下属	3.16	3.60	-0.02	-0.11	0.19**	0.43***	-0.05	-0.12	-0.07	-0.08	0.34***	—	
11. 共事时间	2.93	3.05	-0.06	-0.14*	0.17*	0.37***	-0.01	-0.16*	-0.00	-0.12	0.36***	0.73***	—
12. 认知信任领导	6.14	0.84	-0.06	0.02	0.07	0.02	-0.19**	-0.10	-0.08	0.03	0.12	0.13	0.09
13. 认知互嵌领导	5.27	1.03	0.05	0.05	0.09	0.06	-0.15*	-0.01	-0.01	0.13	0.01	-0.06	-0.05
14. 情感信任领导	5.28	1.17	0.18**	0.05	-0.02	0.08	-0.18**	-0.12	-0.15*	0.08	-0.01	0.00	0.03
15. 信任倾向领导	3.44	0.76	-0.03	-0.11	0.10	0.03	-0.19**	-0.11	-0.17*	-0.04	0.05	0.13*	0.10
16. 制度信任领导	5.93	0.97	-0.09	-0.10	0.04	-0.04	-0.14*	-0.06	0.02	0.01	0.14*	0.07	0.03
17. 关系依恋	5.02	0.88	0.05	-0.07	-0.06	-0.06	-0.12	-0.05	-0.19**	0.09	-0.08	-0.16*	-0.14*
18. 认知信任下属	6.38	0.89	-0.16*	-0.11	0.01	-0.12	-0.18**	-0.04	-0.05	-0.08	-0.00	-0.13	-0.00
19. 认知互嵌下属	5.46	1.06	-0.06	-0.19**	-0.08	-0.07	-0.06	-0.04	-0.12	0.01	-0.07	-0.12	-0.04
20. 情感信任下属	5.59	1.11	-0.01	-0.13	-0.03	-0.06	-0.09	-0.04	-0.13	-0.08	-0.03	-0.01	0.06
21. 信任倾向下属	3.58	0.83	-0.04	-0.11	-0.01	0.04	-0.15*	-0.16*	-0.19**	-0.08	0.07	-0.03	0.02
22. 制度信任下属	6.06	0.83	-0.10	-0.07	-0.01	-0.06	-0.16*	-0.06	-0.14*	-0.14*	0.08	-0.02	0.04

续表

变量	12	13	14	15	16	17	18	19	20	21	22
1. 性别领导											
2. 性别下属											
3. 年龄领导											
4. 年龄下属											
5. 教育程度领导											
6. 教育程度下属											
7. 职位领导											
8. 职位下属											
9. 任职时间领导											
10. 任职时间下属											
11. 共事时间											
12. 认知互信嵌领导	(0.85)										
13. 认知信任领导	0.53***	(0.86)									
14. 情感信任领导	0.51***	0.61***	(0.91)								
15. 信任倾向领导	0.36***	0.33***	0.34***	(0.76)							
16. 制度信任领导	0.52***	0.44***	0.37***	0.42***	(0.87)						
17. 关系依恋	0.20***	0.46***	0.53***	0.21**	0.16*	(0.91)					
18. 认知信任下属	0.03	0.10	0.08	0.12	0.08	0.26***	(0.93)				
19. 认知互信嵌下属	−0.06	0.13	0.17*	0.11	0.09	0.55***	0.48***	(0.88)			
20. 情感信任下属	0.02	0.15*	0.20*	0.14*	0.04	0.57***	0.51***	0.65***	(0.90)		
21. 信任倾向下属	0.02	0.15*	0.12	0.20*	0.04	0.36***	0.37***	0.55***	0.46***	(0.85)	
22. 制度信任下属	0.09	0.14*	0.09	0.20*	0.13*	0.23**	0.50***	0.44***	0.39***	0.43***	(0.84)

注：$N=217$。性别为虚拟变量，$0=$ 男性，$1=$ 女性。年龄、任职时间和共事时间皆为连续变量，为实际的年数。教育程度为有序变量，$1=$ 高中及以下，$2=$ 大专，$3=$ 本科，$4=$ 硕士及以上。职位为有序变量，$1=$ 员工，$2=$ 主管，$3=$ 中层管理者，$4=$ 高层管理者。变量的内部一致性系数 α 在本科对角线上。$*p<0.05$，$**p<0.01$，$***p<0.001$。

表 5-3 中介分析:认知信任对各结果变量的效应

预测变量	认知互嵌领导 B	认知互嵌领导 SE_B	认知互嵌下属 B	认知互嵌下属 SE_B	关系依恋 B	关系依恋 SE_B	情感信任领导 B	情感信任领导 SE_B	情感信任下属 B	情感信任下属 SE_B
常数项	−0.08	0.81	0.80	0.67	2.12	0.76	1.06	1.13	−0.32	0.83
控制变量										
性别领导	0.19*	0.10			0.07	0.08	0.36***	0.10		
年龄领导	0.01	0.01			−0.01	0.01	−0.01	0.01		
教育程度领导	−0.03	0.09			−0.00	0.08	−0.04	0.08		
职位领导	0.09	0.10			−0.19*	0.09	−0.04	0.12		
任职时间领导	−0.03	0.02			0.00	0.02	−0.02	0.02		
信任倾向领导	0.15†	0.08			0.06	0.07	0.08	0.08		
制度信任领导	0.21*	0.09			−0.09	0.06	0.09	0.07		
共事时间	−0.03	0.02			−0.02	0.03	0.04*	0.02	0.03	0.03
性别下属			0.01	0.03	−0.04	0.08			0.01	0.09
年龄下属			−0.21*	0.10	−0.01	0.01			−0.01	0.01
教育程度下属			−0.01	0.01	−0.03	0.07			0.03	0.08
职位下属			0.02	0.07	0.12	0.08			−0.10	0.09
任职时间下属			0.12	0.10	−0.01	0.03			0.02	0.02
信任倾向下属			−0.02	0.03	0.04	0.08			0.09	0.08
制度信任下属			0.51***	0.11	−0.06	0.08			0.04	0.09
			0.19*	0.10	0.07	0.07			−0.03	0.06
自变量										
认知信任领导	0.50***	0.08			0.07	0.07	0.34**	0.10		
认知信任下属			0.29**	0.09	0.01	0.07	−0.01	0.11	0.29**	0.09

续表

预测变量	结果变量									
	认知互嵌领导		认知互嵌下属		关系依恋		情感信任领导		情感信任下属	
	B	SE_B	B	SE_B	B	SE_B	B	SE_B	B	SE_B
中介变量										
认知互嵌领导					0.33***	0.06	0.31***	0.09	−0.07	0.08
认知互嵌下属	0.36***	0.05			0.40***	0.06	−0.06	0.07	0.31**	0.09
关系依恋			0.43***	0.05			0.47***	0.08	0.47***	0.1
R^2					0.48***	0.05	0.56***	0.05	0.56***	0.05

注：$N=217$。B=非标准化系数，SE_B=标准误。模型拟合指标：$\chi^2(31)=46.24$，$CFI=0.98$，$TLI=0.93$，$RMSEA=0.05$，$SRMR=0.03$。† $p<0.10$，* $p<0.05$，** $p<0.01$，*** $p<0.001$。

表 5-4 认知信任到情感信任的间接效应和直接效应结果汇总

间接效应	估计值	95%置信区间
1. 认知信任领导→认知互嵌领导→关系依恋	0.16	[0.088, 0.254]
2. 认知信任下属→认知互嵌下属→关系依恋	0.12	[0.049, 0.210]
3. 认知互嵌领导→关系依恋→情感信任领导	0.16	[0.092, 0.252]
4. 认知互嵌下属→关系依恋→情感信任下属	0.15	[0.082, 0.256]
5. 认知互嵌领导→关系依恋→情感信任下属	0.19	[0.107, 0.293]
6. 认知互嵌下属→关系依恋→情感信任领导	0.19	[0.113, 0.284]
7. 认知信任领导→认知互嵌领导→关系依恋→情感信任领导	0.08	[0.042, 0.134]
8. 认知信任下属→认知互嵌下属→关系依恋→情感信任下属	0.08	[0.037, 0.146]
9. 认知信任领导→认知互嵌领导→关系依恋→情感信任下属	0.06	[0.019, 0.105]
10. 认知信任下属→认知互嵌下属→关系依恋→情感信任领导	0.06	[0.022, 0.106]

直接效应	估计值	95%置信区间
1. 认知信任领导→关系依恋	0.07	[−0.061, 0.192]
2. 认知信任下属→关系依恋	0.01	[−0.165, 0.131]
3. 认知互嵌领导→情感信任领导	0.31	[0.120, 0.468]
4. 认知互嵌下属→情感信任领导	−0.07	[−0.222, 0.077]
5. 认知互嵌下属→情感信任下属	0.31	[0.135, 0.468]
6. 认知互嵌领导→情感信任下属	−0.06	[−0.183, 0.067]
7. 认知信任领导→情感信任领导	0.34	[0.159, 0.565]
8. 认知信任下属→情感信任领导	−0.03	[−0.149, 0.094]
9. 认知信任下属→情感信任下属	0.29	[0.104, 0.453]
10. 认知信任领导→情感信任下属	−0.01	[−0.258, 0.168]

注：$N=217$。Bootstrap=1000。

此外,研究结果还显示,领导对下属的认知信任与下属对领导的情感信任关系可以被领导的认知互嵌行为和关系依恋连续正向中介($B=0.08$,95%置信区间[0.037,0.146]),下属对领导的认知信任与领导对下属的情感信任关系可以被下属的认知互嵌行为和关系依恋连续正向中介($B=0.06$,95%置信区间[0.022,0.106])。

总而言之,本章的研究结果不仅揭示了个体内的认知信任到情感信任的转变路径,还发现了个体间的认知信任到情感信任的转变路径,其中,个体的认知互嵌行为与关系依恋发挥了至关重要的作用。

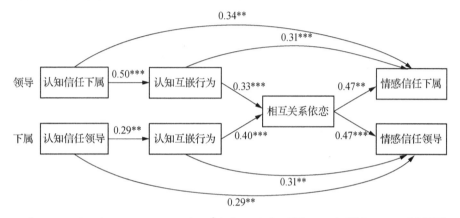

注:**$p<0.01$,***$p<0.001$。$\chi^2(31)=46.24$,CFI=0.98,TLI=0.93,RMSEA=0.05,SRMR=0.03。

图 5-2 概念模型的路径分析结果

5.3.3 补充分析

为更好地验证说明认知信任到情感信任的因果机制,本研究将时间点 1 收集的情感信任作为自变量,分析其对各个结果变量(包括时间点 2 收集的认知互嵌行为和关系依恋、时间点 3 收集的认知信任)的效应。如表 5-5 和表 5-6 所示,虽然领导对下属的情感信任可以显著地预测领导的认知互嵌行为($B=0.38$,$p<0.001$)和关系依恋($B=0.23$,$p<0.001$),但领导的认知互嵌行为和关系依恋对领导的情感信任和认知信任的关系无显著的连续中介作用($B=-0.00$,95%置信区间[-0.021,0.012]),同时,领导的认知互嵌行为和关系依恋对领导的情感信任和下属的认知信任的关系也无显著的连续中介作用($B=0.00$,95%置信区间[-0.009,0.020]);同样地,虽然下属对领导的情感信任可以显著地预测下属的认知互嵌行为($B=0.46$,$p<0.001$)和关系依恋

表5-5 中介分析：情感信任对各结果变量的效应

		结果变量								
预测变量		认知互嵌领导		认知互嵌下属		关系依恋		认知信任领导		认知信任下属	
		B	SE_B	B	SE_B	B	SE_B	B	SE_B	B	SE_B
常数项		0.80	0.74	0.85	0.56	2.10*	0.83	2.82***	0.81	1.52*	0.77
控制变量	性别领导	0.03	0.10			−0.02	0.07	0.03	0.10		
	年龄领导	0.01	0.00			−0.01	0.01	−0.01	0.01		
	教育程度领导	−0.04	0.09			0.01	0.07	−0.07	0.08		
	职位领导	0.15	0.11			−0.13	0.08	−0.07	0.09		
	任职时间领导	−0.00	0.02			0.01	0.02	0.02	0.02		
	信任倾向领导	0.10	0.08			−0.01	0.07	0.03	0.07		
	制度信任领导	0.26	0.09			−0.11*	0.05	0.26**	0.08		
	共事时间	−0.02	0.02	0.01	0.03	−0.03	0.03	−0.00	0.02	0.03	0.03
	性别下属			−0.22*	0.09	−0.04	0.08			−0.02	0.09
	年龄下属			−0.00	0.01	−0.01	0.01			0.00	0.01
	教育程度下属			0.06	0.06	−0.01	0.06			0.10	0.06
	职位下属			0.12	0.09	0.10	0.07			−0.04	0.09
	任职时间下属			−0.04	0.03	−0.01	0.02			−0.04	0.03
	信任倾向下属			0.33***	0.08	−0.00	0.08			−0.22*	0.09
	制度信任下属			0.12	0.09	−0.10†	0.06			0.21†	0.12
自变量	情感信任领导	0.38***	0.07			0.23***	0.05	0.13†	0.07	−0.14**	0.05
	情感信任下属			0.46***	0.08	0.21***	0.05	0.05	0.08	0.49**	0.14

第5章 上下级间信任的稳定性演化机制(1):问卷研究
Chapter 5 The Stability Mechanism of Trust Dynamics Between Superiors and Subordinates (1): A Survey Study

续表

预测变量	认知互嵌_{领导}		认知互嵌_{下属}		关系依恋		认知信任_{领导}		认知信任_{下属}	
	B	SE_B	B	SE_B	B	SE_B	B	SE_B	B	SE_B
中介变量										
认知互嵌_{领导}	0.39***	0.05			0.29***	0.05	0.36***	0.09	0.12†	0.07
认知互嵌_{下属}			0.53***	0.05	0.28**	0.05	−0.12†	0.06	0.19*	0.09
关系依恋							−0.03	0.10	0.04	0.8
R^2	0.39***	0.05	0.53***	0.05	0.60***	0.04	0.44***	0.06	0.50***	0.08

注:$N=217$。$B=$非标准化系数,$SE_B=$标准化系数,†$p<0.10$,*$p<0.05$,**$p<0.01$,***$p<0.001$。模型拟合指标:$\chi^2(151)=4\,996.18$,CFI$=0.12$,TLI$=-0.25$,RMSEA$=0.49$,SRMR$=0.17$。

表5-6 情感信任到认知信任的间接效应和直接效应结果汇总

间接效应	估计值	95%置信区间	直接效应	估计值	95%置信区间
1. 情感信任_{领导}→认知互嵌_{领导}→关系依恋	0.09	[0.044, 0.140]	1. 情感信任_{领导}→关系依恋	0.23	[0.129, 0.340]
2. 情感信任_{下属}→认知互嵌_{下属}→关系依恋	0.13	[0.076, 0.209]	2. 情感信任_{下属}→关系依恋	0.21	[0.121, 0.319]
3. 认知互嵌_{领导}→关系依恋→认知信任_{领导}	−0.01	[−0.057, 0.033]	3. 认知互嵌_{领导}→认知信任_{领导}	0.36	[0.183, 0.536]
4. 认知互嵌_{下属}→关系依恋→认知信任_{领导}	0.01	[−0.027, 0.047]	4. 认知互嵌_{下属}→认知信任_{领导}	0.12	[−0.020, 0.240]
5. 认知互嵌_{领导}→关系依恋→认知信任_{下属}	0.01	[−0.033, 0.061]	5. 认知互嵌_{领导}→认知信任_{下属}	0.19	[−0.001, 0.358]
6. 认知互嵌_{下属}→关系依恋→认知信任_{下属}	−0.01	[−0.062, 0.046]	6. 认知互嵌_{下属}→认知信任_{下属}	−0.12	[−0.244, 0.002]
7. 情感信任_{领导}→认知互嵌_{领导}→认知信任_{领导}	−0.00	[−0.021, 0.012]	7. 情感信任_{领导}→认知信任_{领导}	0.13	[0.006, 0.272]
8. 情感信任_{下属}→认知互嵌_{下属}→认知信任_{领导}	0.00	[−0.009, 0.020]	8. 情感信任_{下属}→认知信任_{领导}	−0.14	[−0.254, −0.057]
9. 情感信任_{领导}→认知互嵌_{领导}→认知信任_{下属}	0.01	[−0.015, 0.032]	9. 情感信任_{下属}→认知信任_{下属}	0.49	[0.185, 0.736]
10. 情感信任_{下属}→认知互嵌_{下属}→认知信任_{下属}	−0.00	[−0.029, 0.022]	10. 情感信任_{领导}→认知信任_{下属}	0.05	[−0.110, 0.179]

注:$N=217$。Bootstrap$=1000$。

($B=0.21$，$p<0.001$），但下属的认知互嵌行为和关系依恋对下属的情感信任和认知信任的关系无显著的连续中介作用（$B=0.01$，95％置信区间[-0.015，0.032]），同时，下属的认知互嵌行为和关系依恋对下属的情感信任和领导的认知信任的关系也无显著的连续中介作用（$B=-0.00$，95％置信区间[-0.029，0.022]）。因此，数据分析结果不支持情感信任到认知信任的关系。

5.4 研究结果讨论

上下级关系是组织中的一种重要关系，拥有高质量的上下级关系会提升个体的满意度和幸福感（Reis et al.，2008）。高质量的上下级关系是相互奉献、相互忠诚、相互尊重和相互成就的（Liden et al.，1998），基于认知信任转化而来的情感信任是高质量上下级关系的一项重要指标（Baer et al.，2018；Colquitt et al.，2014；Mishra et al.，2012）。Van Knippenberg（2018）认为，认知信任是情感信任的一项前因变量，情感信任对各项结果变量的影响要大于认知信任。因此，在本章的研究中，基于社会信息加工理论，通过引入认知互嵌行为和关系依恋来解释认知信任向情感信任转化的连续中介机制。本章的研究结果支持了这一连续中介效应。

5.4.1 理论价值

本章的研究发现为组织中的人际信任相关领域做出了以下三点理论贡献。

第一，基于社会信息加工理论，从上下级对偶关系视角，解释了信任升级转化问题，即认知信任到情感信任的升级转化机制。虽然已有研究指出不同的信任类型之间能够进行相互转化（例如，Lewicki et al.，1996；Rousseau et al.，1998；Schaubroeck et al.，2013），但少有研究对其中的具体转化过程和机制进行研究，这不利于探究信任内在的具体演化机制。本章基于社会信息加工理论，揭示了上下级间如何在认知信任的驱动下建立情感信任，从而构建高质量的上下级关系。作者认为，通过认知互嵌行为和关系依恋，信任可以发生微妙但关键的转变，从认知信任升级为情感信任。

第二，本章的研究对信任螺旋上升模型有一定的贡献。以往关于信任螺旋的研究主要是基于 Zand（1972）的个体间信任螺旋模型（例如，Ferrin et al.，2008；Halbesleben et al.，2015）开展的，但信任作为个体的一种心理状态，其演化过程离不开个体的内在动力机制。本章的数据表明,个体通过认知互嵌行为和关系依恋不仅可以促使对方形成情感信任,更重要的是,它们也有助于个体内在情感信任的形成。因此,信任的螺旋上升路径不仅包含了个体间的上升路径,还包含了个体内的上升路径。

第三,提出认知互嵌行为的概念来解释个体间基于获取和给予的对话式互动行为。互动中的获取和给予促使个体对社会信息进行深层加工,而非简单的表层加工,如此,彼此间不仅可以共同确认"约哈里之窗"的"开放区",分享"隐蔽区",而且还能共同填补彼此的"盲目区",一起探索"潜能区"。本章的研究表明,认知互嵌行为是个体从认知信任转化为情感信任的关键。

5.4.2 实践意义

情感是公司软实力的一种体现,其很难被他人替代或模仿,但许多管理者常困惑于如何建立一个具有核心凝聚力的团队。本章的研究为管理者们提供了一些解答。首先,管理者可以先从建立上下级间的认知信任入手。认知信任是基于能力的信任,在现代企业,技能与知识对于每个个体都是不可或缺的,管理者要对团队成员有信心,相信他们的业务水平。在此基础上,管理者可以采用认知互嵌行为来激发彼此间的情感共鸣,形成关系依恋,进而完成信任升级,实现情感信任。认知互嵌行为是一种基于给予行为和获取行为整合的有意识的主动对话式互动行为,它可以促使个体通过对社会信息进行系统加工来加深对彼此间的了解与认识,从而超越认知信任,形成情感信任,实现彼此关系的稳固化。幸福生活酒店集团(Joie de Vivre)的创始人奇普·科利(Chip Conley)曾说,"做一名付出者,并不会帮你赢得一百码冲刺,却可以帮助你赢得马拉松"(Grant, 2013)。实际上,认知互嵌行为不仅仅是一种给予行为,它整合了给予行为和获取行为,有助于个体在马拉松式的成长进程中实现互动双方的共同学习和共同成长,引发情感共鸣。因此,作者建议管理者可以将认知互嵌行为作为团队建设与发展的有效工具进行使用。

5.5 本章小结

本章的内容验证并拓展了前人关于信任动力学的研究,尤其是对信任转化和信任上升螺旋的研究。两年前改名为"元宇宙(Meta)的脸书(Facebook)"的首席运营官桑德伯格(Sandberg)曾说:"当你在这个新世界里乘风破浪时,你能依靠的既不是你是谁、也不是你的学位,而要依靠你的知识。你的力量不会源自你在公司的位置,而是来自建立信任,获得尊敬。你会需要天赋、技能、想象力和视野。不过最最重要的是,具有真诚沟通的能力,既能鼓舞你身边的人,又能聆听他们的建议,在每一天的工作中不断学习进步(Sandberg,2012)。"本章的研究正是以认知信任为起点,探讨个体间是如何通过认知信任慢慢地打开真诚沟通的渠道,并获得尊重和情感上的满足。作者认为,认知信任可以促进认知互嵌行为,促进关系依恋的产生,并最终形成情感信任。

认知互嵌行为是个体有意识的对话式互动行为,它暗示着个体愿意花费努力和精力进行关系建设和维持,这种行为超越了一般行为的工具性作用。因此,个体应该把认知互嵌行为视为一种战略性的资源投资,用来培养其与领导或下属的积极情感,建立高质量的情感信任关系。

在接下来的第6章中,将通过实验对认知信任到情感信任的转化机制做进一步的探究,以弥补本章问卷调查研究的不足。

第 6 章
上下级间信任的稳定性演化机制(2)：实验研究

Chapter 6　The Stability Mechanism of Trust Dynamics Between Superiors and Subordinates (2)：An Experimental Study

第6章 上下级间信任的稳定性演化机制(2)：实验研究
Chapter 6　The Stability Mechanism of Trust Dynamics Between Superiors and Subordinates (2)：An Experimental Study

上下级间有意义的高质量关系对于组织中的个体十分重要(Gersick et al., 2000)。信任作为关系发展的"复杂性简化机制"(Luhmann, 1979)和"深化器"(Deepening)(Colquitt et al., 2012)，是个体间高质量关系的重要指标。信任可以分为认知信任和情感信任，在大多数研究中，认知信任和情感信任常被认为具有正交关系或简单的相关关系(王雁飞等，2021；Chua et al., 2008；Colquitt et al., 2012；Yang et al., 2009)。但众多研究表明，情感信任比认知信任具有更强的解释力(Newman et al., 2016；Van Knippenberg, 2018)。例如：情感信任比认知信任更能提升下属的工作绩效(Ng et al., 2006；Yang et al., 2010；Zhu et al., 2013)；上下级间情感信任的一致性能够促进团队绩效和团队成员组织公民行为，但认知信任的一致性不起作用(Carter et al., 2015)。学者们认为这种现象的原因在于，情感信任的本质在于信任双方具有强情感联系的关系属性，它是双方真挚关怀和关心的体现(胡俞，2020；杨宜音，2014；McAllister, 1995；Wang et al., 2010)。更进一步，McAllister(1995)和Lewicki et al.(1996)认为，认知信任是发展情感信任的基础，只有当个体对领导或下属的绩效或能力产生积极的感知(即认知信任)时，个体才有意愿发展更进一步的情感联系(即情感信任)。因此，如果认知信任和情感信任具有因果关系，就需要明确它们之间的关系，否则关于它们不同影响效应的推论是有偏或是有误的(Schaubroeck et al., 2013)。

因此，本章将在第5章的基础上，基于社会信息加工理论，通过实验设计弥补第5章问卷调查设计的不足，探讨上下级间认知信任与情感信任的因果关系，并补充检验上下级间从认知信任到情感信任的升级转变机制。本章研究的概念模型与第5章一致(见图5-1)。

本章的研究主要从两个方面对认知信任和情感信任等有关领域做出贡献。第一，基于社会信息加工理论，验证认知信任对情感信任的发展有重要的作用；第二，补充验证第5章的研究，即认知信任到情感信任的升级转化是通过认知互嵌行为和关系依恋的连续中介机制产生的。

6.1 理论背景与研究假设

本节将通过理论推导认知信任与情感信任的因果关系，以及从认知信任到情感信任的连续中介效应，阐述本章概念模型的生成过程。

6.1.1 认知信任与情感信任

认知信任反映的是个体依赖对方以降低不确定性的程度；情感信任体现的是一方对另一方的真挚情感，它是建立在相互人际关怀的基础上的（Colquitt et al.，2012；McAllister，1995）。在发展高质量关系时，个体需要对对方进行评估，较之于评估领导或下属的为人（即情感信任），评估领导或下属的能力较为容易实现且准确，能力的评估决定了个体对对方的认知信任水平（Newman et al.，2014；Schaubroeck et al.，2013）。

根据社会信息加工理论，当认知信任建立后，个体为满足自身的意义建构和心理需要，会有动力收集对方更多的社会信息，并与之发展更亲密的关系，如情感信任（Salancik et al.，1978；Zalesny et al.，1990）。认知信任是情感信任发展的基础（Lewicki et al.，1996；McAllister，1995），认知信任为个体提供诊断信息（Diagnostic Information），高水平的认知信任暗示着对方可能是适合继续发展以情感为驱动的高质量关系的对象，也就是情感信任（Newman et al.，2014；Schaubroeck et al.，2013）。换句话说，在建立认知信任后，个体会继续关注对方，收集更新与对方相关的社会信息，并进行意义建构，这会鼓励个体与对方建立更为紧密的关系，即情感信任（Rousseau et al.，1998；Williams，2001）。已有实证研究表明，认知信任会在不同类型领导力和情感信任的关系之间发挥中介作用，如变革型领导（Schaubroeck et al.，2011）、伦理型领导（Newman et al.，2014）、参与型领导（Newman et al.，2016）因此，当个体对领导或下属的绩效或能力产生积极的感知，即认知信任后，个体会有意愿与对方发展更进一步的情感信任（McAllister，1995）。

假设 1a：领导对下属的认知信任会正向促进领导对下属的情感信任。

假设 1b：下属对领导的认知信任会正向促进下属对领导的情感信任。

6.1.2 从认知信任到情感信任的连续中介效应

本部分的理论推导仍是基于社会信息加工理论，与第 5 章一致，详见第 5 章 5.2 节理论背景与研究假设部分。

假设 2a：领导对下属的认知信任与领导对下属的情感信任的关系被领导的认知互嵌行为和关系依恋连续中介。

假设 2b：下属对领导的认知信任与下属对领导的情感信任的关系被下属的认知互嵌行为和关系依恋连续中介。

6.2 研究方法

6.2.1 被试和任务

为研究上下级间认知信任向情感信任转变的因果关系，本研究通过组间实验操纵认知信任，在商学院本科生某选修课堂上采用棉花糖挑战（Marshmallow Challenge）的团队任务（Wujec，2010）进行单因素完全随机实验设计。

棉花糖挑战的任务是，被试团队需要在给定材料的情况下（见图6-1），在30分钟内搭建一个结构，将棉花糖放置在所搭建结构的顶端，并保持结构稳定，搭建的结构越高越好。

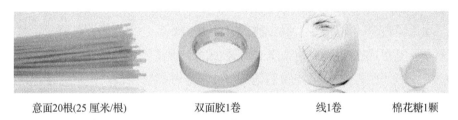

意面20根(25厘米/根)　　双面胶1卷　　　　线1卷　　　　棉花糖1颗

图6-1 棉花糖挑战实验材料

本研究选用棉花糖挑战作为团队任务的主要原因在于，棉花糖挑战任务的完成需要团队成员在采用共同的语言（Common Language）一起交流并分享经验（Share Experience）的过程中在搭建模型原型（Prototype）和改善（Refine）原型之间反复更新迭代（Wujec，2010），这些都符合本书对于认知互嵌行为的定义。此外，棉花糖挑战任务还被广泛地应用于企业培训中[①]，用以说明在互动过程中各项社会信息更新迭代使用的重要性，因此，采用棉花糖挑战任务较为贴近实际，能产生较高的外部效度。

共有87名被试参与实验，随机3人组成一组临时团队，共29组团队，其中，14组被随机分入实验组，15组被随机分入控制组。有3组控制组没有完成实验全部过程，因此，本实验有效被试78名（14组实验组，12组控制组），其中，男性38名，平均年龄18.24岁（$SD=0.74$）。实验结束后，每位被试得到20元

[①] 棉花糖挑战任务设有专门网站（https://www.marshmallowchallenge.com），用以收集世界各地采用其作为企业培训素材的完成结果。

的报酬。

6.2.2 设计、材料及程序

第一步,被试分组。在实验开始前,每3名被试随机组成一组临时团队,由3人中姓氏拼音排序最靠前的一人担任团队领导[①](即每组团队拥有1名领导和2名下属),并将各小组随机分入实验组和控制组。

第二步,操纵认知信任。实验者使用预实验[②]证明了有效的无意识(即选词填空)和有意识(即写作诱导)的认知信任操纵。无意识和有意识的实验操纵是以一种互补的方式激活认知信任。无意识的启动激活的是个体对认知信任的概念,有意识的启动激活的是个体对认知信任的思维模式(Mindset)(Bargh et al.,2000)。实验者使用无意识和有意识的操纵方法是为了提升认知信任被操纵成功的概率。

在选词填空(即无意识)的启动任务(Smith et al.,2006)中,被试一共需要回答3道问题,每道问题共有8个选项,被试需从8个选项中选出3个其认为最恰当的词语。在实验组中,每道题的8个选项词语都与认知信任相关,例如,我的这位小组成员是一位_____的人,选项有:负责任、细心、务实、认真、踏实、勤奋、坚定、可靠(Payne et al.,2011)。在控制组中,每道题及选项都是中性的,例如,你最常吃的三种水果为_____,选项有:苹果、香蕉、梨、橘子、橙子、香瓜、葡萄、其他。写作诱导(即有意识)的启动任务是需要被试写一段话来描述近期的某段经历或感觉(Galinsky et al.,2003)。在实验组中,被试被要求写2~5句话来描述其觉得小组成员是可靠或有能力的事情;在控制组中,被试被要求写2~5句话来描述其近期的日常学习安排。

在完成实验操纵后,被试需完成对认知信任的操纵检验。信任的操纵检验采用McAllister(1995)开发的信任量表中与实验情景相关的6道题项。其中,3题测量认知信任,包括"这位小组成员用专业和奉献的态度来对待学习与工作""根据这位小组成员的过往成绩,我没有理由怀疑他/她的能力和态度""我信赖

[①] 在团队任务中,领导的主要职责包括明确团队分工、把控任务进度、协调并解决可能出现的不一致意见、随机应变地解决各类突发状况等。

[②] 在预实验中,通过选取同专业大一本科四个班级分别作为实验组(随机选两个本科班作为实验组,$N=58$,40名男性,平均年龄19.03岁)和控制组(剩下另外两个本科班作为控制组,$N=56$,30名男性,平均年龄19.18岁),通过独立样本t检验发现,实验组被试认知信得分($M=6.30$,$SD=1.02$)显著高于控制组被试得分($M=5.64$,$SD=1.35$),$t(112)=2.96$,$p=0.004$。这说明认知信任启动成功。

这位小组成员,并愿意将来和他/她一起完成任务"($\alpha=0.85$);3题测量情感信任,如"我和这位小组成员之间能够自由地分享想法、感受和希望,是一种共享关系""我能够与这位小组成员自由地谈论我在学习生活中遇到的困难,我知道他/她愿意倾听""如果我遇到困难,我能够向这位小组成员诉说,因为我知道他/她会提供建议和关心"($\alpha=0.87$)。

第三步,进行30分钟的棉花糖挑战团队任务。

第四步,相关变量评分。在被试完成搭建任务后,被试报告在团队任务过程中关于认知互嵌行为、关系依恋、情感信任、领导者涌现和情绪状态的评分。

第五步,在完成所有任务之后,主试向被试解释实验流程和目的,并给予致谢和报酬。

6.2.3 测量工具

认知互嵌行为:通过2个题项测量建议寻求和建议给予行为,题项分别为"在此次小组活动中,这位团队成员向我寻求建议""在此次小组活动中,这位团队成员给予我相关建议"($\alpha=0.71$,1=从无,5=频繁)。个体的认知互嵌行为由他人进行评价。

关系依恋:采用 Aron et al. (1992)编制的 IOS(Inclusion of Other in the Self)量表(1题),即"下面7组圆圈组合中左边圆圈代表您自己,右边代表您即将要评价的小组同伴,重叠部分代表您与他/她的密切程度,重叠部分越大,代表越密切。请根据您的感受判断您与小组成员之间关系的亲密程度"(见图6-2)。相互关系依恋通过聚合领导和下属的关系依恋评分得到,聚合后的相互关系依恋的 r_{wg} 中值为0.88,浮动范围为0.50~1.00,这说明通过聚合得到的相互关系依恋是合理的,即领导和下属对他们的关系依恋有共同的认知,具有较好的内部一致性。

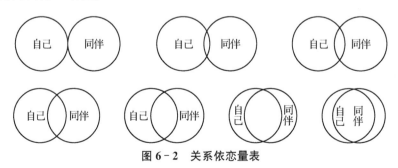

图6-2 关系依恋量表

情感信任：改编 McAllister(1995)开发的情感信任量表中与实验情景相关的3道题项，如："我和他/她之间能够自由地分享想法、感受和希望，是一种共享关系"($\alpha=0.89$)。

领导者涌现：为检验随机分配的小组成员角色是否成功，实验者在实验完成后，采用 Lord et al. (1986)编制的总体领导力印象（General Leadership Impression，GLI）量表(1题)进行检验，即"如果重新来一次，你会选择谁当领导？请将小组三位成员按照你的选择意愿排序"。领导者涌现的计分规则：基于小组所有成员的评分，忽略个体的自我评分，计算个体被排在第一位的百分比，因此，个体的领导者涌现得分范围从0.00（没有小组成员选其当第一顺位领导）到0.67（其他两位小组成员均选其当第一顺位领导）（McClean et al.，2018；Smith et al.，1998）。

控制变量：本研究除将基本人口统计学变量（性别、年龄、年级）作为控制变量外，还将个体的情绪状态（包括积极情绪和消极情绪）作为控制变量（Foulk et al.，2018）。

情绪状态采用 Mackinnon et al. (1999)开发的积极情绪和消极情绪量表（10题）进行测量，被试使用李克特5点量表(1=没有，5=非常强烈)评价每个题项在多大程度上反映了他们做团队任务时的感受。其中，5题测量积极情绪，如"兴奋""充满热情"($\alpha=0.87$)；5题测量消极情绪，如"不安""紧张"($\alpha=0.88$)。

6.3 分析结果

6.3.1 操纵检验

1. 认知信任

通过独立样本 t 检验发现[①]，实验组被试的认知信任得分($M=6.28, SD=0.77$)显著高于控制组被试的得分($M=5.74, SD=1.03$)，$t(154)=3.74, p<0.001$；同时，实验组被试的情感信任得分($M=5.80, SD=1.16$)与控制组被试的得分($M=5.53, SD=1.18$)无显著差异，$t(154)=1.41, p=0.160$。这说明

---

① $N_{实验组}=84(14\times6)$，$N_{控制组}=72(12\times6)$。

认知信任启动成功,同时此操纵并未启动被试的情感信任。

2. 上级-下属关系(领导者涌现)

通过独立样本 t 检验发现[①],被指定担任领导者的领导者涌现得分($M=0.26, SD=0.23$)边缘显著高于被指定担任下属的领导者涌现得分($M=0.18, SD=0.23$),$t(76)=-1.95, p=0.054$。这说明小组角色分配成功,即上级-下属关系情景创建成功。

6.3.2 描述性统计

表6-1展示了本研究所有变量的均值、标准差、内部一致性系数 α 以及变量之间的相关系数。

6.3.3 假设检验

领导情感信任的方差分析结果表明,领导对下属认知信任的主效应显著,$F(9, 42)=2.30, p<0.05$;类似地,下属情感信任的方差分析结果表明,下属对领导认知信任的主效应显著,$F(10, 41)=4.21, p<0.001$,因此,假设1a和假设1b得到支持。

表6-2和表6-3呈现了使用Mplus 7.4(Muthén et al., 2015)进行统计分析的连续中介的回归结果。如表6-2所示,下属对领导的认知信任能显著正向影响下属的认知互嵌行为($B=0.27, p<0.05$),但领导对下属的认知信任对领导的认知互嵌行为无显著作用($B=0.05$, n.s.);关系依恋可以被下属的认知互嵌行为($B=0.39, p<0.05$)显著正向预测,被领导的认知互嵌行为边缘显著预测($B=0.35, p<0.1$);关系依恋与下属对领导的情感信任($B=0.27, p<0.01$)呈显著正向关系,但与领导对下属的情感信任($B=0.11$, n.s.)无显著关系。同时,如表6-3所示,下属对领导的认知信任到情感信任的关系对下属的认知互嵌行为和关系依恋连续中介的间接效应是正向显著的($B=0.03$, 95%置信区间[0.001, 0.101]),但领导的认知互嵌行为和关系依恋对领导的认知信任到情感信任的关系的连续中介的间接效应不显著($B=0.00$, 95%置信区间[-0.007, 0.062]),因此,假设2b得到了支持,但假设2a没有得到验证。

---

① $N_{领导}=26, N_{下属}=52(26×2)$。

表 6-1 各研究变量的均值、标准差与相关矩阵

变量	M	SD	1	2	3	4	5	6	7	8	9	10	11
1. 积极情绪领导*	4.13	0.71	(0.75)										
2. 消极情绪领导*	2.55	0.86	−0.24	(0.83)									
3. 认知信任领导	6.10	0.82	0.17	−0.22	(0.83)								
4. 认知互嵌领导	3.33	0.96	0.22	−0.21	0.04	(0.73)							
5. 情感信任领导	5.74	1.16	0.43**	−0.20	0.46**	0.37**	(0.90)						
6. 关系依恋	3.57	1.38	0.43**	−0.09	0.18	0.20	0.40**	(0.88)					
7. 积极情绪下属	4.05	0.81	0.02	0.05	−0.06	0.08	0.08	0.36**	(0.92)				
8. 消极情绪下属	2.16	1.00	−0.27	−0.07	0.19	−0.03	0.07	−0.11	0.13	(0.88)			
9. 认知信任下属	5.90	1.10	0.28*	0.00	0.09	−0.17	0.13	0.43**	0.03	−0.22	(0.83)		
10. 认知互嵌下属	3.23	0.88	0.03	−0.13	−0.19	0.05	0.12	0.35*	0.29*	−0.10	0.34*	(0.72)	
11. 情感信任下属	5.80	1.10	0.09	−0.00	−0.01	0.00	0.20	0.54***	0.23	−0.08	0.58***	0.38**	(0.92)

注：除标*样本量 $N=26$，其余变量样本量 $N=52$。变量的内部一致性系数 α 在斜对角线上。* $p<0.05$，** $p<0.01$，*** $p<0.001$。

表6-2 中介分析:认知信任对各结果变量的效应(领导-下属关系)

		结果变量								
预测变量		认知互嵌领导		认知互嵌下属		关系依恋		情感信任领导		情感信任下属	
		B	SE_B	B	SE_B	B	SE_B	B	SE_B	B	SE_B
	常数项	3.03**	0.95	1.65*	0.71	−3.48*	1.56	−12.57**	4.18	5.80	5.53
自变量	认知信任领导	0.05	0.15			0.31	0.21	0.71***	0.16	−0.15	0.20
	认知信任下属			0.27*	0.11	0.47*	0.19	−0.19	0.16	0.50*	0.21
中介变量	认知互嵌领导					0.35†	0.19	0.20	0.14	0.04	0.17
	认知互嵌下属					0.39*	0.20	0.33†	0.18	0.04	0.18
	关系依恋							0.11	0.12	0.27**	0.11
	R^2	0.00	0.03	0.11	0.08	0.36***	0.09	0.60***	0.09	0.52***	0.10

注:$N=52$。$B=$非标准化系数,$SE_B=$标准误。控制变量包括性别、年龄、积极情绪和消极情绪,为简化表格结果,控制变量未予呈现。†$p<0.10$,*$p<0.05$,**$p<0.01$,***$p<0.001$。

表6-3 认知信任到情感信任的间接效应和直接效应结果汇总(领导-下属关系)

间接效应	估计值	95%置信区间	直接效应	估计值	95%置信区间
1. 认知信任_领导→认知互嵌→关系依恋	0.02	[-0.087, 0.188]	1. 认知信任_领导→关系依恋	0.31	[-0.094, 0.711]
2. 认知信任_下属→认知互嵌→关系依恋	0.10	[0.008, 0.302]	2. 认知信任_下属→关系依恋	0.47	[0.188, 0.945]
3. 认知信任_领导→关系依恋→情感信任_领导	0.04	[-0.031, 0.181]	3. 认知互嵌→情感信任_领导	0.20	[-0.076, 0.458]
4. 认知信任_下属→关系依恋→情感信任_下属	0.10	[-0.001, 0.263]	4. 认知互嵌→情感信任_下属	0.04	[-0.239, 0.457]
5. 认知信任_领导→关系依恋→情感信任_下属	0.11	[0.002, 0.307]	5. 认知信任_领导→情感信任_领导	0.04	[-0.362, 0.343]
6. 认知互嵌→关系依恋→情感信任_领导	0.04	[-0.033, 0.208]	6. 认知互嵌→情感信任_领导	0.33	[-0.067, 0.660]
7. 认知互嵌→关系依恋→情感信任_下属	0.00	[-0.007, 0.062]	7. 认知信任_领导→情感信任_领导	0.71	[0.421, 1.040]
8. 认知信任_下属→认知互嵌→关系依恋→情感信任_下属	0.01	[-0.022, 0.076]	8. 认知信任_下属→情感信任_下属	-0.15	[-0.562, 0.213]
9. 认知信任_下属→认知互嵌→关系依恋→情感信任_领导	0.03	[0.001, 0.101]	9. 认知信任_下属→情感信任_领导	0.50	[0.118, 0.885]
10. 认知信任_下属→认知互嵌→关系依恋→情感信任_领导	0.01	[-0.008, 0.056]	10. 认知信任_下属→情感信任_领导	-0.19	[-0.479, 0.138]

注:$N=52$。Bootstrap = 1000。

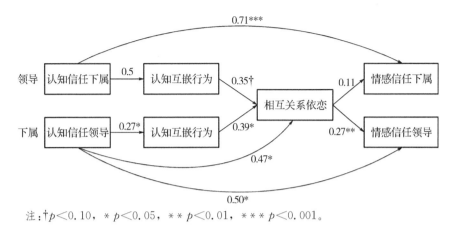

图 6-3　概念模型的路径分析结果

注：†$p<0.10$，*$p<0.05$，**$p<0.01$，***$p<0.001$。

6.3.4　补充分析

为更好地验证说明领导-下属关系中认知信任到情感信任的因果机制，本研究将 26 对同事-同事关系的实验数据进行相应的统计分析。结果如表 6-4 所示，除个体的认知互嵌行为可以显著地预测关系依恋外（$B=0.70, p<0.05$），其余各条路径均不显著。这说明，本章所揭示的认知信任到情感信任的因果机制适用于领导-下属关系情景，并不适用于同事-同事关系情景。

6.4　研究结果讨论

本章通过实验研究，操纵认知信任和上下级关系，检验上下级间从认知信任升级到情感信任的机制。研究发现，从下属视角看，下属对领导的认知信任能够显著提升下属对领导的情感信任，更进一步，下属对领导的认知信任是通过提高下属的认知互嵌行为和关系依恋间接提高情感信任的；从领导视角看，领导对下属的认知信任能够显著提升领导对下属的情感信任，但假设 2a"领导对下属的认知信任与领导对下属的情感信任的关系被领导的认知互嵌行为和关系依恋连续中介"并未得到数据支持。作者认为可能的解释是，在任务进程中，领导的首要职责是保证在规定时间内完成搭建任务，在时间紧张（30 分钟内完成）和人员有限（3 人/团队）的双重压力下，领导无论是否认知信任下属，可能都会对其进行认知互嵌行为，以确保任务顺利完成。因此，虽然短暂的互动过

表6-4 中介分析：认知信任对各结果变量的效应（同事-同事关系）

预测变量		认知互嵌_领导		认知互嵌_下属		关系依恋		情感信任_领导		情感信任_下属	
		B	SE_B	B	SE_B	B	SE_B	B	SE_B	B	SE_B
常数项		2.99*	1.27	3.29**	1.26	−0.39	2.53	−1.81	17.1	3.06	10.24
自变量	认知信任_自身	0.03	0.21	−0.09		0.35	0.15	0.38	0.26	0.26	0.31
	认知信任_同事			0.04	0.21	0.42	0.29	0.23	0.48	0.18	0.31
中介变量	认知互嵌_自身					0.70*	0.33	0.39	0.48	−0.47†	0.27
	认知互嵌_同事					0.07	0.31	−0.33	0.49	0.34	0.37
	关系依恋							0.042	0.24	0.16	
R^2		0.00	0.05	0.00	0.06	0.29*	0.13	0.61***	0.13	0.60***	0.12

注：$N = 26$。B = 非标准化系数，SE_B = 标准误。控制变量包括性别、年龄、积极情绪和消极情绪，为简化表格结果，控制变量未予呈现。$†p < 0.10$，$*p < 0.05$，$**p < 0.01$，$***p < 0.001$。

程足以促使领导对下属的认知信任转化为情感信任,但领导的认知互嵌行为和关系依恋的中介机制在短暂的互动过程中并未得以发挥作用。

本章的研究对认知信任和情感信任相关领域具有以下两点理论价值。

第一,认知信任对于情感信任的发展有重要的作用。对于组织中的个体来说,与领导或下属发展有意义的高质量关系对于丰富其工作意义十分重要。在发展高质量关系时,个体需要对另一方进行评估,较之于直接评估领导或下属的为人,评估领导或下属的能力较为容易实现,能力的评估决定了个体对对方的认知信任水平(Schaubroeck et al., 2013)。因为上下级间的工作互相依赖程度高,当个体对对方的认知信任水平较高时,个体为了满足自身的意义建构和心理需要,会有动力与另一方发展更紧密的关系(Intense Relationship),即情感信任得以建立和发展。认知信任到情感信任的转化升级过程也恰恰说明,在组织内的个体,不仅渴求获得知识与能力的增长,更渴望收获情感上的依恋与满足;同时,这也解释了为何在众多研究中情感信任的解释力要高于认知信任(Carter et al., 2015; Webber, 2008; Yang et al., 2010)。

第二,补充验证了第 5 章的研究,即认知信任到情感信任的升级转化是通过认知互嵌行为和关系依恋的连续中介机制产生的。第 5 章的纵向问卷调查研究虽然解释了认知信任到情感信任的升级机制,但因问卷调查法本身的局限,不能严格地解释因果关系,因此,本章采用实验法,补充并验证了认知信任到情感信任的因果关系以及其中的升级转化机制。

6.5 本章小结

通过第 5 章的问卷调查和本章的实验研究,检验了组织内的个体对领导或下属的认知信任到情感信任的转化升级机制,指出个体的认知互嵌行为和关系依恋是转化升级的关键中介机制。正如第 3 章的案例研究和第 4 章的理论建构研究所指出的,组织中人际信任的演化不仅包含上升或升级螺旋,还可能会出现下降或降级螺旋。因此,下一章将进一步通过问卷调查的实证研究,分析从情感信任到认知信任的降级过程与机制。

第 7 章

上下级间信任的去稳定性演化机制

Chapter 7 The De-Stability Mechanism of Trust Dynamics Between Superiors and Subordinates

第7章 上下级间信任的去稳定性演化机制
Chapter 7　The De-Stability Mechanism of Trust Dynamics Between Superiors and Subordinates

信任既是将组织中彼此独立的个体（例如，领导和下属）聚合为有机整体的"黏合剂"，也是个体和组织有效运转的"润滑剂"（Brower et al.，2009；Ferguson et al.，2015）。信任不仅是个体的一种心理状态（Mayer et al.，1995；Schoorman et al.，2007），也是个体在日常互动中建构起来的社会现实（Social Reality）（Lewis et al.，1985）。在人际互动中，信任双方在同一信任水平的相互信任的解释力要大于个体单方面信任的解释力，例如，相较于个体单方面的信任，相互信任更有利于提升个体绩效和组织公民行为（Carter et al.，2015；Cheung et al.，2017；De Jong et al.，2021；Kim et al.，2018）。然而，信任双方不在同一信任水平的信任不对称（Trust Asymmetry）的解释力要低于个体单方面信任的解释力（De Jong et al.，2012；Tomlinson et al.，2009），例如，信任不对称的双方间合作行为要低于只有单方面信任的双方间合作行为（Tomlinson et al.，2009）。此外，信任不对称除了会缓冲单方面信任或相互信任所带来的积极结果，信任不对称的破坏力也不容忽视。例如，正如第2章所述，信任不对称会引发信任破裂，影响信任自身的演化进程，进而造成个体情绪沮丧（Chen et al.，2011），引发人际冲突（Ferguson et al.，2015）和报复（De Cremer et al.，2012）等。因此，探究信任不对称有助于人们更好地理解信任，更有效地解释信任是如何作为各种态度和行为的驱动因素的。

然而，现有信任研究的局限之一是信任概念的单向化，即现有关于信任的研究主要集中于个体对他人的信任，信任双向化，尤其是信任不对称的研究较为稀少（Kim et al.，2018；Korsgaard et al.，2015）。而且，现有研究仅指出信任不对称会缓冲单方面信任所带来的积极影响，但并未深入挖掘信任不对称是如何减弱这些积极作用，即信任不对称是否会对个体本身的信任产生影响，从而减弱信任带来的积极效应。

因此，为更好地理解信任不对称对信任内在演化进程的影响，本章将基于社会信息加工理论，从信任不对称的研究视角，探究下属的情感信任到认知信任的降级过程与机制。具体来讲，从信任者视角看，信任不对称指的是个体对对方的信任程度与个体感知到的对方对其信任程度（即被信任感）的不一致。根据社会信息加工理论，当下属对领导的情感信任与被信任感不一致时，个体会自我怀疑曾经的社会现实建构（Social Reality Construction）。面对质疑，个体需要回忆（Recall）和检索（Retrieve）过往的建构过程，或者主动收集社会信息对社会现实进行重构（Reconstruction），这些再解释或重构的意志行为会引发自我损耗。自我损耗发生后，个体更倾向于自动加工，情感信任的伤害会蔓延感染认知信任，造成个体认知信任的下降。

本章将从两个方面对人际信任有关领域的研究做出贡献。首先，基于社会信息加工理论，探究了信任不对称对信任内在演化进程的影响，即情感信任与被信任感的不一致性通过自我损耗对认知信任产生影响。其次，解释了信任降级过程，即从情感信任到认知信任的降级过程。图7-1呈现了本章研究的概念模型。

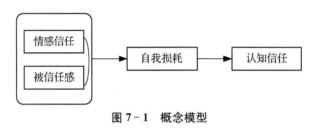

图 7-1　概念模型

7.1　理论背景与研究假设

本节将通过理论推导情感信任与被信任感的不一致性和自我损耗的关系，以及自我损耗的中介作用，具体阐述本章概念模型的生成过程。

7.1.1　情感信任与被信任感的不一致性和自我损耗

情感信任反映的是信任双方之间特定的情感联系，信任者相信被信任者是真正关心自己的利益，对自己的关怀是真挚的，从而产生情感的投入与依恋 (McAllister，1995)。下属情感信任领导表示下属对领导有情感上的投入与依恋，认为领导是真正关心其在组织的发展 (Schaubroeck et al.，2013)。信任具有对象上的双向性，当下属对领导具有情感信任时，他也会感知到领导对其的信任程度，即被信任感 (陈晨等，2020；王红丽等，2016；Baer et al.，2015；Lau et al.，2014)。当情感信任与被信任感不一致时，信任不对称就产生了 (Baer et al.，2021)。信任是建构的社会现实 (Lewis et al.，1985)，根据社会信息加工理论，情感信任与被信任感的不一致性，会让下属自我怀疑曾经的社会现实建构 (Salancik et al.，1978)。

具体来说，情感信任与被信任感的不一致性包含两种情况：一是情感信任高但被信任感低，二是情感信任低但被信任感高。情感信任是下属对领导在情感上的依恋与投入,面对情感信任高但被信任感低的信任不对称时,下属会感到自己的情感被辜负或者被背叛(Chen et al.,2011;Toubiana et al.,2017);面对高于自身情感信任水平的被信任感,下属会感到来自领导的期许与社交压力(陈欢欢等,2021;王红丽等,2016;Baer et al.,2015)。依据社会信息加工理论,不论是何种形式的信任不对称,投入(即情感信任)与反馈(即被信任感)的不匹配,会让下属质疑过往建构的社会现实。为了回应质疑,个体需要回忆和检索过往的建构过程,或者主动收集社会信息对社会现实进行重构,这些再解释或重构的意志行为会消耗个体内在的心理能量,从而引发自我损耗(Salancik et al.,1978)。

此外,情绪即社会信息理论(Emotion as Social Information Theory)也指出,情感信任与被信任感的不一致性,在情感上会引发下属的沮丧情绪,在认知上会使下属知觉到彼此之间的相似性降低,促使下属怀疑并警惕领导的动机,个体的这些变化均会消耗心理能量,引发自我损耗(Ferguson et al.,2015;Van Kleef,2016)。

假设1:下属的情感信任与被信任感的水平越不一致,越会导致下属产生自我损耗。具体来说,高(低)情感信任与低(高)被信任感会导致自我损耗。

7.1.2 自我损耗的中介作用

自我损耗是个体自我活动消耗心理能量后引起的执行功能下降(Baumeister et al.,2000)。自我损耗发生后,个体对社会信息的收集能力变弱,会更倾向于自动加工,将自身随后的信念与既有信念相匹配(Ainsworth et al.,2014;Fischer et al.,2008;Itzchakov et al.,2018;Zalesny et al.,1990),因此,下属会将对情感信任与被信任感不一致性的信念蔓延至对领导可信性与可靠性的怀疑,也就是损害认知信任。

具体来说,面对高情感信任与低被信任感情况,下属会认为领导辜负了其情感付出(Chen et al.,2011),此时的领导不再是可靠或可依赖的,即认知信任被腐蚀;面对低情感信任与高被信任感情况,下属会感到来自领导的社交压力与期许(Baer et al.,2015),质疑领导与自己不匹配的高信任动机,怀疑领导的能力与可靠性,即认知信任被腐蚀。

假设2:情感信任和被信任感的不一致性通过自我损耗对认知信任产生负向的间接影响。

7.2 研究方法

7.2.1 研究对象与数据收集

本研究采用问卷调查法,在多家保险公司收集数据。首先,研究者面向企业内部招募"联络人","联络人"负责在组织内寻找愿意参加本研究的员工;其次,在施测前,由"联络人"确定好参与人员名单,研究者随后进行编号,以便后期进行问卷匹配。研究者在与被试的最初接触中,提供了关于研究的总体概况(例如,三阶段研究、"领导-下属"关系研究),但没有向被试透露具体的研究假设,且研究者告知被试可以随时退出研究。

本研究采用三时点测量,每次测量间隔两周(Fulmer et al., 2017; Kim et al., 2018),问卷通过"问卷星(www.wjx.cn)"线上平台发放。其中,时间点 1 邀请 247 名员工填写基本人口统计学变量、信任倾向和制度信任等控制变量,并自评其对领导的情感信任和认知信任,以及被信任感和自我损耗;时间点 2 继续自评自我损耗,时间点 3 自评认知信任和情感信任,此轮调研共回收有效问卷 165 份,问卷回收率为 66.80%。在有效样本中,男性占 47.88%,平均年龄 31.08 岁,本科及以上学历占 95.61%,任职时间平均为 3.77 年,与领导共事时间平均为 3.70 年。

7.2.2 测量工具

本研究采用"翻译-回译"程序将英文量表翻译成中文(Brislin, 1986)。除下文有特殊说明外,量表均采用李克特 7 点计分法,从"1"到"7"表示符合程度由低到高。

情感信任和认知信任:采用 McAllister(1995)开发的信任量表(10 题),其中,5 题测量情感信任,如"能够与上司/下属自由地谈论我在工作中遇到的困难,我知道他愿意倾听""如果我们不能在一起合作,我们都会有失落感"($\alpha = 0.91$);5 题测量认知信任,如"我的上司/下属用专业和奉献的态度来对待工作""根据我上司/下属的过往业绩,我没有理由怀疑他的工作能力和态度"($\alpha = 0.97$)。

被信任感:采用 Mayer et al.(1999)开发的被信任感量表(3 题),如"我的上司会让我参与对其重要的事项""我的上司很放心把一个至关重要的任务交给我,即使他无法监管我的行动"($\alpha=0.76$,1=非常不符合,5=非常符合)。

自我损耗:采用 Lin et al.(2015)开发的自我损耗量表(5题),如"我常感到精疲力尽""我需要花费大量努力才能集中精力做一些事"($\alpha_{T1}=0.91$,$\alpha_{T2}=0.95$,1=非常不符合,5=非常符合)。

控制变量:本研究将基本人口统计学变量(例如,性别、年龄、教育程度、职位、任职时间、上下级关系时间)、个体的信任倾向和制度信任作为控制变量(Baer et al.,2018;Halbesleben et al.,2015;Lamertz et al.,2017;Martin et al.,2018)。

信任倾向采用 Schoorman et al.(2016)开发的信任倾向量表(4题)进行测量,如"大多数人言行一致""大多数人能够胜任自己的工作"($\alpha=0.88$,1=非常不符合,5=非常符合)。制度信任采用 Liao(2008)开发的制度信任量表(4题)进行测量,如"团队成员会分享工作成果,因为我们一直被告知,在团队中成员间要相互协作""我的团队成员会按时提交成果,因为在项目中,延迟提交将拉低团队绩效"($\alpha=0.87$)。

7.2.3 验证性因子分析与模型比较

为检验本研究中主要变量的结果效度和区分效度,本章对情感信任、被信任感、自我损耗和认知信任进行验证性因子分析。结果如表7-1所示,与其他3个竞争模型相比,四因素模型拟合指数均达到要求:$\chi^2(127)=236.85$,$p<0.001$;CFI=0.95;TLI=0.94;RMSEA=0.08,这说明本研究中的4个变量具有良好的区分效度。

表7-1 验证性因子分析与模型比较

模型	χ^2	df	$\Delta\chi^2$	Δdf	CFI	TLI	RMSEA	SRMR
1. 四因素	236.85	127	—	—	0.95	0.94	0.08	0.05
2. 三因素	295.95	132	59.1	5	0.92	0.91	0.10	0.05
3. 二因素	670.29	134	433.44	7	0.74	0.71	0.19	0.14
4. 单因素	1 208.05	135	971.20	8	0.49	0.42	0.26	0.22

注:$N=165$。模型1(四因素)包含所有的4个研究变量;模型2(三因素)将情感信任和被信任感合并为一个因子;模型3(二因素)将情感信任、被信任感和认知信任合并为一个因子;模型4(单因素)将所有变量合并为一个因子。

7.3 分析结果

7.3.1 描述性统计

表7-2展示了本研究所有变量的均值、标准差、内部一致性系数α以及变量之间的相关系数。

7.3.2 假设检验

1. 情感信任和被信任感的不一致性对自我损耗的效应分析

本研究使用软件 Mplus 7.4(Muthén et al., 2015)进行数据处理,运用多项式回归(Jansen et al., 2005)和响应面分析方法(Edwards et al., 1993)进行统计分析。表7-3展示了多项式回归的结果。本章在假设1中预测,下属对领导的情感信任与被信任感的不一致性会导致下属的自我损耗。如表7-3和图7-2所示,沿着一致性线($X=Y$)的曲面不显著(曲率=-0.03,n.s.),而沿着不一致性线($X=-Y$)的曲面显著向上弯曲(曲率=0.76,$p<0.001$),表明沿着不一致性线的曲面是正U形的。这种显著的方向上的差异证明,不一致性情况下的自我损耗会显著高于一致性情况下的自我损耗,假设1得到支持。

此外,一致性线($X=Y$)的斜率(斜率=0.03,n.s.)不显著,这说明,当情感信任与被信任感一致时,对个体自我损耗无显著影响;不一致性线($X=-Y$)的斜率(斜率=-0.35,$p<0.001$)显著为负,说明当下属对领导的情感信任与被信任感不一致时,与情感信任高但被信任感低的情况相比,下属的自我损耗在情感信任低但被信任感高的情形下更高。

2. 自我损耗的中介效应检验

为检验自我损耗在情感信任与被信任感不一致性和认知信任之间的中介作用,本章采用了块变量(Block Variable)分析方法(Edwards et al., 2009)。具体来说,块变量分析方法基于对自我损耗的多项式回归结果,将5个多项式的原始值分别乘以对应的回归系数后,进行加总,构建一个块变量,代表情感信任与被信任感一致/不一致性对自我损耗的综合效应。运用块变量分析法的优势在于块变量不会改变方程中其他变量的估计系数与总解释率(Edwards et al., 2009; Zhang et al., 2012)。

第7章 上下级间信任的去稳定性演化机制
Chapter 7　The De-Stability Mechanism of Trust Dynamics Between Superiors and Subordinates

表7-2　各研究变量的均值、标准差与相关矩阵

变量	M	SD	1	2	3	4	5	6	7	8	9	10	11	12	13
1. 性别	0.52	0.50	—												
2. 年龄	31.08	6.81	-0.08	—											
3. 教育程度	2.82	0.71	-0.08	-0.14	—										
4. 职位	1.08	0.30	0.08	0.02	-0.01	—									
5. 任职时间	3.77	4.35	-0.04	0.54***	-0.10	-0.16	—								
6. 共事时间	3.70	3.81	-0.05	0.54***	-0.18	-0.07	0.73***	—							
7. 信任倾向	3.68	0.87	-0.16	0.02	-0.18	0.00	-0.11	-0.05	(0.88)						
8. 制度信任	6.16	0.85	0.09	-0.09	-0.00	-0.12	-0.10	-0.01	0.46***	(0.87)					
9. 情感信任	5.89	1.21	-0.04	-0.06	-0.09	0.05	-0.05	0.02	0.54***	0.51***	(0.91)				
10. 敬信任感	3.78	0.87	-0.16	0.05	-0.10	0.02	0.01	0.11	0.60***	0.43***	0.69***	(0.76)			
11. 自我损耗(T1)	2.45	1.01	-0.27**	0.20*	0.05	0.03	0.24**	0.16	-0.11	-0.34**	-0.13	-0.04	(0.91)		
12. 自我损耗(T2)	2.45	1.10	-0.14	0.19*	-0.01	0.09	0.06	0.09	-0.10	-0.23*	-0.07	0.01	0.72***	(0.95)	
13. 认同信任	6.31	1.05	0.08	-0.14	0.14	0.05	-0.23*	-0.07	0.24*	0.47***	0.60***	0.41***	-0.21	-0.16**	(0.97)

注：$N=165$。性别为虚拟变量，$0=$男性，$1=$女性。年龄、任职时间和共事时间皆为连续变量，为实际的年数。教育程度为有序变量，$1=$高中及以下，$2=$大专，$3=$本科，$4=$硕士及以上。职位为有序变量，$1=$员工，$2=$主管，$3=$中层管理者，$4=$高层管理者。$T1=$时间点1，$T2=$时间点2。变量的内部一致性系数α在斜对角线上。$*p<0.05$，$**p<0.01$，$***p<0.001$。

表7-3 自我损耗对情感信任和被信任感的不一致性的多项式回归

变量		自我损耗($T2$)	
常数项(b_0)		−0.07	−0.08
控制变量	性别	0.13	0.15
	年龄	0.02	0.02
	教育程度	−0.08	−0.10
	职位	0.11	0.17
	任职时间	−0.05	−0.06*
	共事时间	0.00	−0.00
	信任倾向	−0.16	0.14
	制度信任	0.05	0.10
	自我损耗($T1$)	0.83***	0.81***
自变量	情感信任(X, b_1)	0.02	−0.16
	被信任感(Y, b_2)	0.10	0.19
	情感信任×情感信任(X^2, b_3)		0.08
	情感信任×被信任感($X*Y$, b_4)		−0.39†
	被信任感×被信任感(Y^2, b_5)		0.29
R^2		0.55***	0.58***
ΔR^2			0.03
一致性线（情感信任＝被信任感）	斜率(b_1+b_2)		0.03
	曲率($b_3+b_4+b_5$)		−0.03
不一致性线（情感信任＝−被信任感）	斜率(b_1-b_2)		−0.35***
	曲率($b_3-b_4+b_5$)		0.76***

注：$N=165$。表中所报告的是非标准化的回归系数。†$p<0.10$，*$p<0.05$，**$p<0.01$，***$p<0.001$。

表7-4呈现了块变量的分析结果。如表7-4所示，情感信任和被信任感合成的块变量通过自我损耗对认知信任的间接效应显著（估计值＝0.01，95％置信区间＝[0.002, 0.023]）。这一结果表明，自我损耗是情感信任与被信任感不一致性对认知信任影响的中介，假设2得到了支持。

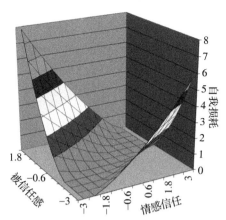

图 7-2 情感信任和被信任感一致/不一致性对自我损耗的影响

表 7-4 情感信任和被信任感的不一致性对认知信任的间接效应检验结果

变量	自我损耗($T2$)	认知信任
块变量的系数(a 路径)	-0.11^*	—
自我损耗($T2$)的系数,控制了块变量之后(b 路径)	—	-0.28^{**}
通过自我损耗($T2$),情感信任和被信任感的不一致性的间接效应(ab)	—	0.01^*
间接效应(ab)95%的置信区间	—	[0.002,0.023]

注:$N=165$。表中所报告的是标准化系数。Bootstrap=1 000。控制变量包括性别、年龄、教育程度、职位、任职时间、共事时间、信任倾向、制度信任和自我损耗($T1$)。$*p<0.05$,$**p<0.01$。

7.3.3 补充分析

为更好地验证说明情感信任和被信任感的不一致性对认知信任影响的有效性,本研究将时间点 1 收集的认知信任和被信任感作为自变量,分析其对时间点 2 的自我损耗的效应。如表 7-5 所示,沿着一致性线($X=Y$)的曲面(曲率=-0.10,n. s.)和沿着不一致性线($X=-Y$)的曲面(曲率=0.16,n. s.)均不显著,表明认知信任与被信任感的一致/不一致性对个体的自我损耗无显著影响。

此外,本研究还分析了认知信任与被信任感的不一致性对时间点 3 的情感信任的影响。如表 7-6 所示,沿着一致性线($X=Y$)的曲面(曲率=-0.01,n. s.)和沿着不一致性线($X=-Y$)的曲面(曲率=-0.04,n. s.)均不显著,表明认知信任与被信任感的一致/不一致性对个体的情感无显著影响。因此,数据结果不支持认知信任和被信任感的不一致性与自我损耗或情感信任的关系。

表7-5 自我损耗对认知信任和被信任感的不一致性的多项式回归

变量		自我损耗($T2$)	
常数项(b_0)		−0.07	−0.07
控制变量	性别	0.14	0.16
	年龄	0.02	0.02
	教育程度	−0.07	−0.07
	职位	0.09	0.06
	任职时间	−0.06*	−0.07*
	共事时间	0.01	0.01
	信任倾向	−0.13	−0.11
	制度信任	0.00	−0.00
	自我损耗($T1$)	0.84***	0.83***
自变量	认知信任(X,b_1)	0.06	0.05
	被信任感(Y,b_2)	0.10	0.12
	认知信任×认知信任(X^2,b_3)		0.06
	认知信任×被信任感($X*Y$,b_4)		−0.13
	被信任感×被信任感(Y^2,b_5)		−0.03
	R^2	0.56***	0.57***
	ΔR^2		0.01
一致性线（认知信任＝被信任感）	斜率(b_1+b_2)		0.17
	曲率($b_3+b_4+b_5$)		−0.10
不一致性线（认知信任＝−被信任感）	斜率(b_1-b_2)		−0.07
	曲率($b_3-b_4+b_5$)		0.16

注:$N=165$。表中所报告的是非标准化的回归系数。*$p<0.05$,**$p<0.01$,***$p<0.001$。

表7-6 情感信任对认知信任和被信任感的不一致性的多项式回归

变量		自我损耗($T3$)	
常数项(b_0)		0.10	0.10
控制变量	性别	−0.19	−0.18
	年龄	0.00	0.00
	教育程度	0.01	0.01
	职位	−0.07	−0.08
	任职时间	−0.02	−0.02
	共事时间	0.01	0.01
	信任倾向	0.04	0.02
	制度信任	0.01	0.00
	情感信任($T1$)	0.66***	0.63***
自变量	认知信任(X, b_1)	−0.14	−0.01
	被信任感(Y, b_2)	0.22†	0.23†
	认知信任×认知信任(X^2, b_3)		0.03
	认知信任×被信任感($X*Y$, b_4)		0.02
	被信任感×被信任感(Y^2, b_5)		−0.05
	R^2	0.65***	0.66***
	ΔR^2		0.01
一致性线（认知信任=被信任感）	斜率(b_1+b_2)		0.22
	曲率($b_3+b_4+b_5$)		−0.01
不一致性线（认知信任=−被信任感）	斜率(b_1-b_2)		−0.25
	曲率($b_3-b_4+b_5$)		−0.04

注：$N=165$。表中所报告的是非标准化的回归系数。†$p<0.10$，*$p<0.05$，**$p<0.01$，***$p<0.001$。

7.4 研究结果讨论

信任是上下级间给予彼此最好的尊重（Fukuyama，1996）。给予信任和获得信任对于员工来说都非常重要，它们意味着付出与收获的平衡。本章研究指出，如果员工的给予和获得发生失衡，即发生信任不对称，会触发员工对自身信任给予的质疑。具体来说，本章研究基于社会信息加工理论，从信任不对称的视角，发现员工情感信任与被信任感的不一致性会引发自我损耗，继而降低员工对领导的认知信任；而且，与情感信任高但被信任感低的情况相比，员工的自我损耗在情感信任低但被信任感高的情形下更高。此外，研究还发现，当员工情感信任与被信任感不一致时，才会引发自我损耗；认知信任与被信任感的一致性对自我损耗无显著影响。

7.4.1　理论价值

本章从两个方面对人际信任有关领域的研究做出贡献。

第一，本章基于社会信息加工理论，从信任不对称的视角，探究了信任不对称对信任内在演化进程的影响。信任不对称能缓冲信任本身带来的各项积极效应的原因之一是信任不对称对信任本身会有影响。基于第5章和第6章的研究可知，认知信任是人际信任的基石。通过本章研究可进一步了解，情感信任与被信任感的不一致性会通过自我损耗损伤认知信任，即个体在情感信任上受到的伤害会蔓延腐蚀人际信任的基石——认知信任。

第二，本章的研究阐明了信任演化中的信任降级过程，即从情感信任到认知信任的降级过程。信任演化包含了"信任引发信任"和"不信任招致不信任(Distrust Begets Distrust)"(Kramer et al., 1996; Searle et al., 2018)两种，即信任演化包含了两种方向的演化进程：一是信任上升螺旋或信任升级(见第5章和第6章)；二是信任下降螺旋或信任降级。现有关于信任下降螺旋的研究仅限于解释"不信任招致不信任"，少有研究深入探究信任下降螺旋中的具体降级机制。本章基于社会信息加工理论，揭示了下属在情感信任上受到的伤害是如何蔓延影响认知信任的，作者认为，其中的关键机制是情感伤害带来的自我损耗。

7.4.2　实践意义

本章的研究结果对管理实践也有多方面的启示。

第一，上下级间相互信任的重要性。组织中的人际信任能够增加开放度、流动性和合作等积极态度和行为，但如果上下级间的信任是不对称的，信任的功效就会大打折扣，甚至起到反作用。管理者在努力获得员工信任的同时，也要给予员工相应的信任,并要让员工感知到管理者的信任,如此,信任才能发挥出其作为"黏合剂"和"润滑剂"的最大功效。

第二,注重管理员工的情感信任。本章的研究指出,员工情感信任的损伤会蔓延伤害员工的认知信任,但认知信任的损伤不会对情感信任产生显著性的影响。因此,管理者要注重管理员工的情感信任。情感是每个人心中永远视若珍宝的东西,它会深刻地影响着员工的忠诚度、创造力与工作质量。管理者要学会察觉和理解员工的情感信任,并及时给予积极的回应,以避免给员工造成不必要的自我损耗,继而损伤更为基础的认知信任。

7.5 本章小结

本章的研究关注于信任降级,通过检验情感信任和被信任感的不一致性对认知信任的影响,指出信任不对称,尤其是情感信任的不对称,会对信任的基础——认知信任造成损伤。通过第5章和第6章的研究了解到,从认知信任到情感信任需要一段漫长的连续中介才能得以升级,但从情感信任到认知信任的降级只需通过个体内在的自我损耗即可实现。可见,高质量的信任建构过程是"安之至难",需要漫长且小心翼翼地建立与维护;但解构过程却是"动之至易",情感期望与现实的不符可以快速地消耗个体的心理能量,继而腐蚀认知信任。

第 8 章

总讨论

Chapter 8 General Discussion

在易变、不确定、复杂和模糊的 VUCA 时代,信任他人是组织中个体降低不确定性的有效方式。不过这种方式有效性的前提是信任的内在稳定性,换言之,个体需要用内在稳定的信任来应对外在的不确定性。

内在稳定的信任是信任演化的一种积极结果。信任演化存在两种能够贯穿于信任建立、破裂和修复三个阶段的演化模式,一种是以韧性和不确定性回避为特征的渐进演化模式,另一种是以敏感性和灵活性为特征的急速演化模式,这两种演化模式造就了信任演化进程中不同程度的波浪式跌宕起伏。在此基础上,本书归纳总结了信任演化周期的双路径模型。通过双路径模型可知,通过信任演化中的"激活—确认"循环信息加工机制的运作可实现信任的内在稳定性,即不断更新的各类社会信息能够通过激活个体的信任倾向,促使个体完成信任确认,从而实现信任或维持或加强或修正的演化循环。

更进一步,信任演化周期双路径模型描述了信任演化进程中"量"的变化。在"量"变化的基础上,信任可以实现"质"的转变,即从认知信任升级为情感信任,或从情感信任降级为认知信任。具体来说,在现代组织中,个体习惯用理性的眼光来审视问题,即便是信任,人们更倾向于对个体的绩效、能力或技能等方面产生感知,即认知信任。不过,理性并非个体行为的全部动力,在满足理性需求之后,个体仍然需要获得情感上的满足(郑也夫,2015;Fukuyama,1996),也就是说,在组织中的个体,不仅希望能够获得能力上的认可与提升,也渴求能够在组织中寻求到情感上的依恋与归属,即情感信任。并且,基于认知信任建立的情感信任是一种高质量的稳定信任,其不同于一般的以表层相似性为基础的情感信任,它是以理性为基础的情感满足,这种信任是在相互学习和共同成长的氛围中建立起具有深层相似性的情感信任,它能够帮助个体有效应对外在的不确定性,形成个体间的核心凝聚力。本书的研究证实,从认知信任到情感信任的升级是一条长路径,需要通过个体的认知互嵌行为和关系依恋才能得以实现,也正是因为经过长路径的探索与升华,升级后的情感信任更加稳固。

然而,如若个体间从一开始就建立了情感信任,这种信任往往是比较脆弱的,如果情感信任得不到与之相匹配的回应,即情感信任与被信任感不一致,它会使个体产生自我损耗,进而蔓延腐蚀认知信任。较之于从认知信任向情感信任升级的长路径,从情感信任到认知信任的降级仅需要一条短路径即可完成。正如清代张潮在《幽梦影》中所言:"情之一字,所以维持世界;才之一字,所以粉饰乾坤。"信任的升级与降级机制正是反映了组织中的个体对于感性与理性的需求,以及它们之间的相互作用机制。

8.1 理论贡献

本书针对组织内人际信任演化机制的有关研究结果的理论贡献主要表现为对人际信任动力学的深化与丰富,对社会信息加工理论的拓展与延伸,以及对领导-成员交换理论的扩充与发展。

8.1.1 对人际信任动力学的深化与丰富

本书的研究结果对人际信任动力学的丰富与发展主要表现为"整合三个阶段,提出两种模式和两条路径,揭示两种形态"。

为了对"建构具有韧性和稳定性的信任"这一时代问题做出回答,本书从信任演化三阶段的整合、"量变"演化现象的剖析、以及"质变"转化过程的分析三个方面,层层递进地进行系统考察:(1)通过整合信任演化三阶段,形成对信任演化周期的整体性认识,理解信任演化中"快与慢"的现象;(2)通过分析信任演化中"量变"的现象,系统剖析贯穿演化全周期的动力机制;(3)在探寻到演化动力机制的基础上,讲述信任经历打磨与淬炼的"质变"转化过程,从而为打造具有韧性和稳定性的高质量人际信任关系提供路径和方法。

首先,本书通过开放式问卷收集到 102 份 MBA 学生的案例数据,采用扎根理论和案例分析相结合的方法对信任演化中"快与慢"的现象进行分析,整合演化三阶段,归纳总结出组织中的个体在推进上下级信任关系建构的方式上存在两种模式:一种是以不确定性回避和韧性为特征,演化轨迹相对缓和、平稳和光滑的渐进模式;另一种是以敏感性和灵活性为特征,演化轨迹相对剧烈和陡峭的急速模式。并且,渐进模式与急速模式之间不是相互独立的,二者之间是能够相互影响、共同作用于信任演化的。

其次,基于信任双模式概念模型和社会信息加工理论,通过理论建构,提出信任演化三阶段的双路径整合模型,用自动加工和系统加工的双路径动力阐述信任演化中各项因素的相互作用,揭示隐藏在信任演化背后的"激活—确认"循环信息加工机制。自动加工是个体自证预言的过程,是个体基于已有积极预期进行的内在有偏编码过程;系统加工是一个双方共同参与的互动过程,积极预期的设定促使个体展示出信任行为,进而期待并观察对方的行为,从而进行判定和解读,完成态度确认。不论是自动加工还是系统加工,"激活—确认"的循环信息加工机制贯穿于信任演化全过程,社会信息的累积、迭代与更新是信任动态扩展或收缩的动力。不同演化阶段的不同社会信息量铸就了不同程度的信任倾向强度和积极预期水平,从而实现了信任演化进程中的更新与迭代,实现了信任的或维持或加强或修正的上升或下降螺旋。

最后,在信任"量变"研究的基础上,探讨信任升级和降级的"质变"过程。一方面,关于信任升级。在现代组织中,个体习惯用理性的眼光来审视问题,即便是信任,人们也更倾向于对个体的绩效、能力或技能等方面产生感知,即认知信任。不过,理性并非个体行为的全部动力,在满足理性需求之后,个体仍然需要获得情感上的满足。基于认知信任建立的情感信任是一种高质量的稳定信任,其不同于一般的以表层相似性为基础的情感信任,它是以理性为基础的情感满足,这种信任是在相互学习和共同成长的氛围中建立起具有深层相似性的情感信任,它能够帮助个体有效应对外在的不确定性,形成个体间的核心凝聚力。本书的研究证实,从认知信任到情感信任的升级是一条长路径,需要通过个体的认知互嵌行为和关系依恋才能得以实现,也正是因为经过长路径的探索与升华,升级后的情感信任更加稳固。另一方面,关于信任降级。如若个体间从一开始就建立了情感信任,这种信任往往是比较脆弱的,如果情感信任得不到与之相匹配的回应,即情感信任与被信任感不一致,它会使个体产生自我损耗,进而蔓延腐蚀认知信任。较之于从认知信任向情感信任升级的长路径,从情感信任到认知信任的降级仅需一条短路径即可完成。信任的升级与降级机制正是反映了组织中的个体对于感性与理性的需求,以及它们之间的相互作用机制。

8.1.2 对社会信息加工理论的拓展和延伸

本书的研究结果对社会信息加工理论的拓展和延伸主要表现为"升级了社会信息加工理论的基本假设"。

社会信息加工理论的一个基本前提假设是,个体作为环境的适应有机体,通常会基于所处的社会环境和过往以及现在面临的处境,不断地调整自己的态度、行为和信念(Salancik et al., 1978)。本书通过对组织内人际信任演化机制的探讨,发现个体不仅是环境的适应有机体,更是环境的解释有机体。实际上,人与动物都是环境适应体,但人与动物的区别在于,人是能够通过解释赋予社会信息以意义的(Mead，1972；Myers，2018)。具体来说，个体在信任建构过程中，会对各项社会信息进行选择性加工，这是个体对社会信息进行捕捉和提取的过程，无论这个过程是个体的有意识过程还是无意识过程，个体都会对提取到的社会信息进行解释，赋予其意义，随后个体根据自身对社会信息的诠释，而非社会信息本身，调整自己的态度或行为。因此，社会信息本身无法建构社会现实，个体的社会现实建构是通过将捕捉到的社会信息转化为自己的理解和解释，进而加工和构建起来的。

需要说明的是，个体作为一个有机整体，一个包含着情感意志、意识行动的有机体，要探寻人的意义，要认识和完善人自身，必须通过"解释"才能认识到有机体的意义，才能解开生命的密码，才能解读出生命多义性中的那些具体的、确切的、隐藏的含义。个人的"解释"则必然带着主观因素。然而，这种主观因素的参与和介入，有着一定的积极意义。它一方面丰富了"信息"的意义，另一方面又发挥了"信息"的创造性，使意义层出不穷。解释从来不是直接的，它是解释者通过自身对他人心理过程的"体验"来重建这一过程，以达到对信息的解释。

8.1.3 对领导-成员交换理论的扩充与发展

本书的研究结果对领导-成员交换理论的扩充与发展主要表现为"高质量的上下级关系不仅是信息和资源的相互交换，而且是认知潜能的共同开发与提升"。

领导-成员交换理论认为，上下级间高质量关系的建立需要经过角色获得、角色扮演和角色习惯化三个阶段，在此过程中，领导是资源和信息的发送者，下属是接收者，领导和下属根据期望进行社会交换(Cropanzano et al.，2016；Graen et al.，1987)。本书基于社会信息加工理论，探索上下级间高质量关系的建构过程，研究发现，在上下级关系的建构过程中，领导和下属都可以成为信息和资源的发送者和接收者。例如，上下级间的认知互嵌行为不仅包含了个体建议给予的给予行为，也包含了建议寻求的获取行为；并且，领导和下属的相互期望是在认知互嵌的对话式互动中逐渐发生迭代演化的；更进一步，上下级间高质量的关系建构不仅包含了双方间关于资源的社会交换，更重要的是通过认知互嵌行为，双方可以实现对彼此潜能的共同探索和开发，领导和下属都能从这段关系中获得成长与滋养。

此外，领导-成员交换理论认为高质量的交换关系是以上下级间的信任、忠诚和责任为基础建立起来的（Liden et al.，1997；Nahrgang et al.，2015；Schriesheim et al.，1999）。本书的研究发现，信任不只是领导-成员交换的前因，在领导-成员交换的发展过程中，信任会发生变化。以认知信任为基础的上下级关系有利于领导和下属之间进行信息交流和互换，产生认知互嵌行为，并且，通过信息交流，上下级间可以共同发现和开发彼此之间的深层相似性（例如，共同的见解、价值观或信仰），形成关系依恋，从而超越前期以表层相似性（例如，性别、受教育程度、籍贯等）为基础的关系纽带，从认知信任升级为情感信任，实现高质量上下级关系的建构。因此，信任与领导-成员交换不仅是简单的因果关系，从动态发展视角来看，信任发展和领导-成员交换发展是一个互相增强的过程。

8.2 实践意义

本研究能够从四个方面为管理者提供一些建立高质量信任关系的建议。

第一，认知信任是建立高质量信任的基础，管理者要重视对个体认知信任的培养。认知信任是基于能力的信任，在现代企业，技能与知识对于个体是不可或缺的，它是评价组织中个体水平的首要标准。因此，无论外在环境如何变化，企业在招聘人才时，要把对个体能力的评估放在重要位置。除此之外，在招聘完成后，组织要重视对个体各项能力及潜力的挖掘及培训。时代的多变及不确定性，暗示着个体有时虽然能够胜任当前的职务，但不一定能够在未来胜任该职位，因此，企业需要重视对人才关于学习能力、洞见等潜力的培养与挖掘，从而为个体间实现认知信任打下坚实的基础。

第二，借助认知互嵌行为的推动作用，构建具有核心凝聚力的团队。当团队成员具有认知信任后，管理者可以采用认知互嵌行为来激发彼此间的情感共鸣，形成关系依恋，进而完成信任升级，实现情感信任。认知互嵌行为是一种有意识的主动对话式互动行为，它可以促使个体通过对社会信息进行系统加工来加深对彼此间的了解与认识，构建彼此间的深层相似性，从而超越认知信任，形成情感信任，实现彼此间关系的稳固化。因此，作者建议管理者可以将认知互嵌行为作为团队建设与发展的有效工具进行使用。

认知互嵌行为中的征求和提供建议对高效领导及决策至关重要，但人们通常认为:采纳建议是被动地接受他人的智慧成果;提供建议则体现的是个人的判断力,或者强或者差,都不是一种可以学习的能力。实际上,"建议"也是一项技能,可以不断学习和提升。如果征求和提供建议的互动顺畅,双方都能从中受益。真正虚心纳言,而非寻求安全感,就能找到更好的解决方案,胜过独断专行。接受建议能使人们考虑更周到,思维更缜密。听取建议有助于克服认知偏见,避免出于一己私利的借口和其他逻辑谬误。而给予建议的人则获得了无形的影响力:帮助他人做出重要决策,推动他人付诸行动;同时认真聆听别人的问题,自己也能从中有所得。互惠互利的关系具有强大的黏合力:给予专业提议,通常能让采纳者心怀感激,甘愿投桃报李。"奉献即索取"是认知互嵌行为的底层逻辑。认知互嵌的过程不仅关乎传播和吸纳智慧,也是极富创意、需要合作的过程。这需要双方共同努力,不断沟通,才能更好地理解需求,规划出解决问题的康庄大道。

第三,上下级间相互信任的重要性。组织中的人际信任能够增加开放度、流动性和合作等积极态度和行为,但如果上下级间的信任是不对称的,信任的功效就会大打折扣,甚至起到反作用。管理者在努力获得员工信任的同时,也要给予员工相应的信任,并要让员工感知到管理者的信任,如此,信任才能发挥出其作为"黏合剂"和"润滑剂"的最大功效。

第四,注重管理员工的情感信任。本书的研究指出,员工情感信任的损伤会蔓延伤害员工的认知信任,但认知信任的损伤不会对情感信任产生显著的影响。因此,管理者要注重管理员工的情感信任。情感是每个人心中永远视若珍宝的东西,它会深刻地影响着员工的忠诚度、创造力与工作质量。管理者要学会察觉和理解员工的情感信任,并及时给予积极的回应,以避免给员工造成不必要的自我损耗,继而损伤更为基础的认知信任。

8.3 前景展望

基于本书的人际信任演化机制研究,未来的研究可以在本书的基础上,从信任理论、信任内容和信任测量等三方面做进一步的拓展和探索。

8.3.1 信任理论的研究前景

学术界关于"信任"的研究大致兴起于 20 世纪 60 年代的西方。典型的信任发展演化理论有 Erikson(1963)的基本信任(Basic Trust)形成理论、Zand (1972)的信任螺旋发展理论、Lewicki et al. (1996)的信任发展阶段理论等。这些经典信任理论深刻影响着当前世界范围内对信任演化问题的探讨。今天我们在解读当下中国的信任问题时,仍然需要借鉴这些西方信任理论来参照中国的信任特征,寻求我们面临的问题是什么,以及这些问题在理论上会给我们什么启示(董才生,2021;翟学伟等,2014)。不过,正如本书开篇所述,中国自古以来,就对"信任"问题给予高度重视,受传统文化的熏陶,"人无信不立""忠信所以进德",在中国人的意识里,"信任"似乎是一项不证自明的立身基本道德标准。同时,当前中国经济社会飞速发展,组织形态和人际关系不断发生变化,传统性和现代性结合的信任发展特征日益突出(陈明等,2023;齐亚强等,2022;徐尚昆,2021)。以作者近些年调研的东大校友创办企业为例,信任在不同组织形态里的演化轨迹极具特色:三宝科技的成长壮大经历了从合伙人间的关系信任到合伙人公约的制度信任;途牛股份在战略转型期面临员工对创始人信任与内外部质疑之间的张力与纠缠。

本书的研究正是基于中国企业和员工的样本数据,借用社会信息加工理论,阐述中国企业内上下级间信任的稳定性和去稳定性演化机制,发展出信任的稳定性演化理论。期待未来的研究,基于本书的基础,突破本书的局限,将信任建构问题进行传统性和现代性的结合,探索更多中国情景下的信任理论,赋予信任建构问题以中国式理论的研究生命。

8.3.2 信任内容的研究前景

本书以组织内上下级间的信任发展为研究起点,阐释两种信任类型——认知信任和情感信任之间的相互转化机制。关于信任内容的类别,除了本书采用的经典的认知和情感分类之外,还有算计信任(陈欣,2019;Lewicki et al., 1996)、关系信任(翟学伟,2022;Rousseau et al., 1998)、制度信任(池上新,2022;Yao et al., 2022)、特殊信任(Particularistic Trust)和一般信任(General Trust)(汪新建等,2022;张忠,2022)等不同的分类标准。此外,随着经济社会的飞速发展,信任对象也从传统的上下级间信任、同事间信任,发展到虚拟团队信任(刘晓婷等,2021;Schinoff et al., 2020)、人机信任(黄心语等,2024;王红丽等,2022;谢小云等,2021)等。信任内容与对象的多样化在实践中有着丰富多彩的呈现。例如,在东大校友企业中,芯朋电子的高管团队间信任起源同门师兄弟间的信任,这种信任的成分多样,既有能力的认可、同窗的情感,还有师门信誉的保障与约束;国金投资的投资人和受资人之间的远程虚拟协作与信任;达斯琪的人机协同决策中的人机信任等。时代的发展丰富了信任这一宏大问题的研究内容。本书的研究从上下级间的人际信任入手,未来的研究可以继续紧跟时代要求和呼唤,拓展多种关系和形式的信任建构研究。

8.3.3 信任测量的研究前景

现有的信任测量问卷来源于西方的理论基础和数据验证,虽然在1995年McAllister就开始致力于信任概念及其量表的界定和开发,到现在为止,此概念和量表都已经比较成熟,大部分信任研究均采用他的界定和量表(Legood et al., 2023),但是该信任量表是基于西方已有的理论发展而来的,在中国情景下的有效性和适用性还未得到充分证实。就中国情景下的信任问题而言,虽然已有学者开始试图回答中国的信任与领导力问题,但是大部分的信任研究都有着浓重的西方背景色彩,或者采用简单的问卷实证方法来片面地解释中国的信任问题。将这些西方研究中的量表照搬来解释中国组织内部的信任问题,就会因缺乏与中国制度环境和文化的有效结合而出现"水土不服"的问题。特别是在当今智能时代,正如上文所列举的东大校友企业,中国的智能企业冲上了世界前沿,亟须符合中国情景和特色的研究量表。因此,虽然本书也利用已有量表作为信任研究的测量手段,但是本书充分认识到借用西方信任量表可能存在的问题,进一步的研究需要开发基于中国情景、具有中国特色的信任量表,才能更加有效地回答当下中国企业的信任建构问题。

8.4 研究结论

本书基于社会信息加工理论,以上下级关系为视角,整合信任演化三个阶段——信任建立、信任破裂和信任修复,采用文本分析、理论建构、问卷调查和实验研究方法,深入分析探讨组织中上下级间人际信任的演化机制。

通过文本分析,本书归纳总结了信任演化的两种模式:一种是以不确定性回避和韧性为特征的渐进模式,它在三阶段中分别对应的路径为"评估—评估不一致性—复盘",在渐进模式中,信任的演化轨迹是相对缓和、平稳和光滑的;另一种是以敏感性和灵活性为特征的急速模式,它在三阶段中分别对应的路径为"共情—自我概念不一致性—遮盖",在急速模式下,信任的演化轨迹是相对剧烈和陡峭的,并容易出现拐点。

在文献综述和文本分析的基础上,提出信任演化三阶段的双路径整合模型,用自动加工和系统加工的双路径动力阐述信任演化中各项因素的相互作用,揭示隐藏在信任演化背后的"激活—确认"循环信息加工机制。

随后,本书聚焦于组织中的上下级关系,用量化研究方法探讨信任演化中从认知信任到情感信任的升级机制,以及从情感信任到认知信任的降级机制。具体来说,关于信任升级,本书采用上下级对偶关系的视角,使用问卷调查和实验的研究方法,指出上下级间从认知信任到情感信任的升级转化是通过认知互嵌行为和关系依恋的连续中介机制产生的。关于信任降级,从信任不对称的视角出发,采用问卷调查法,指出员工对领导付出的情感信任与感知到的来自领导信任水平的不一致性会引发自我损耗,继而降低员工对领导的认知信任,并且,与情感信任高但被信任感低的情况相比,员工的自我损耗在情感信任低但被信任感高的情形下更高。

附 录

专业名词索引
Appendix　Subject Index

附录　专业名词索引

A		
Ability	能力	11、30、40
Activation of trust propensity	信任倾向激活	57、57～59
Active trust betrayal	主动信任违背	15、17
Adaptive organism	适应有机体	55、69、123
Advice-giving	建议给予	68、70、74、93
Advice-seeking	建议寻求	68～69、69～70、74、93
Affective trust	情感信任	13～14、67、72～73、85～86、73、93、108、106～107
Affiliation	归属	72
Ally	伙伴	72
Ambiguity	模糊性	50、72
Analytic	分析的	57
Anchoring event	锚定事件	19、60
Assessment	评估	30、30～32、42
Avoid uncertainty	回避不确定性	30
B		
Baseline	基线水平	72
Basic trust	基本信任	127
Behavioral consistency	行为一贯性	12
Behavioral integrity	品格正直	12
Benevolence	仁慈	11、41、33
Blind area	盲目区	70～71
Block variable	块变量	110

C		
Calculus-based trust/Calculative trust	算计信任	13、127
Cheap talk	廉价谈判	17
Closeness	亲密	70
Cognitive effort	认知努力	57
Cognitive inertia	认知惰性	58
Cognitive mutual-embeddedness behavior	认知互嵌行为	68、69~72、73~74、74、85/125
Cognitive trust	认知信任	13、67、67~70、72~90、73、91、108、101
Common language	共同的语言	91
Commitment	承诺	71
Communication	沟通	12
Complexity	复杂性	50
Concept	概念	28、28~29
Constructive fluctuation	建设性波动	13、21
Cover	遮盖	47、48~49
Creative insight	创造性洞见	29

D		
Deep-level similarity	深层相似性	68、71
Deliberate	深思熟虑的	57
Demonstration of concern	对员工的关怀	12
Dependability	可靠性	67、69
Destructive fluctuation	破坏性波动	13、21
Diagnostic information	诊断信息	90
Dialogical interaction	对话式互动	68、85
Direct Projection	直接投射	42、37
Disruptive self-disclosure	破坏性自我表露	18
Distrust begets distrust	不信任招致不信任	116

Dynamics of interpersonal trust	人际信任动力学	5、122~123
E		
Effortless	容易的	58
Ego-depletion	自我损耗	106、106~107、109
Emerging	涌现	28
Emerging themes	涌现主题	28
Emotion as social information theory	情绪即社会信息理论	107
Emotional attachment	情感依恋	67
Empathy	共情	42、43
Expected behavior	期望行为	11、14、57~60、56
F		
Failed expected behavior	失败的期望行为	60
Felt trust	感知到被信任/被信任感	56、105、58~59、106~108、108
Felxibility	灵活性	31
Forward-looking	前瞻性	4
G		
General trust	一般信任	127
Giving behavior	给予行为	68、70、70~71
Global processing style	全局思维模式	18
Gradual pattern	渐进模式	31、31~45
H		
Hidden area	隐藏区	70~71
High-trust confirmation	高信任确认	13
Humanness	为人	72、90
Humanity	人性	67
I		
Identification-based trust	认同信任	13

Implicit belief	内隐信念	18
Incongruence with piror assessment	评估不一致性	44、44~46、46
Incongruence with self-concept	自我概念不一致性	44、44~46
Indirect projection	间接投射	42、37、42
Institutional trust	制度信任	74、108、127
Instrumental	工具性	67、86
Integrity	正直	11、41、32
Intense relationship	紧密关系	101
Intentional betrayal	故意违背	20
Interpersonal	个体间的	68、81、85
Interpersonal trust	人际信任	3~4、11~23、31~49、56~63、67~84、68~106、89~101、122~125、126~128
Interpretive organism	解释有机体	6、123
Intrapersonal	个体内的	68、81、85

K

Knowledge-based trust	了解信任	13

L

Leader-member exchange theory	领导-成员交换理论	6、125
Leap of faith	信念飞跃	58
Local processing style	局部思维模式	18
Low-trust confirmation	低信任确认	13、13~14

M

Marshmallow challenge	棉花糖挑战	91
Mechanism for the reduction of social complexity	复杂性简化机制	56、61、89
Mindful	花费精力的	57
Mindset	思维模式	92

Mutual trust	相互信任	21、20～21、105、116～117
O		
Open area	开放区	70～71
Opportunistic betrayal	机会违背	15
P		
Particularistic trust	特殊信任	127
Passive trust betrayal	被动信任违背	15、16、18、60
Perceived acceptability of norm violation	规范违背可接受性感知	56
Positive expectation	积极预期	11、13、15～17、56～62
Prototype	原型	91
Psychological bond	心理纽带	71
R		
Rapid pattern	急速模式	31、42～43、45～48
Rational	理性	67
Reassessment	重新评估	48、36
Recall	回忆	105、107
Reconstruction	重构	105、107
Refine	改善	91
Relational attachment	关系依恋	68、70～71、70～72、74、93
Relational trust	关系信任	13、127～128
Reliability	可依赖性	67、69
Replay	复盘	47、47～48、48～49
Resilience	韧性	31
Retrieve	检索	105
Role making	角色扮演	6、124
Role routinization	角色习惯化	6、124
Role taking	角色获得	6、124

Ruminative worry	反刍担忧	47、47~48、36

S

Salient information	显著信息	60、70
Schema-driven	图式驱动的	58
Selective accessibility	选择通达性	59
Self-concept	自我概念	45
Self-fulfilling prophecy	自证预言	58
Self-interest behavior	自利行为	15、58、59~62
Sense-giving	意义赋予	68、71
Sense-making	意义建构	68、71
Sensitivity	敏感性	31
Shared experience	分享经验	91
Sharing & delegation of control	分权和授权	12
Social information processing theory	社会信息加工理论	5、55~64、69~73、89~90、106~107、123~124
Social reality construction	社会现实建构	105、106、124
Stability of trust	信任的稳定性	4、20~21、67~69、89、105~106、122~123
State of the global workplac	全球职场状况	4
Survey fatigue	调查疲劳	73
Swift trust	快速信任	43、58
Synthetic strategy	合成策略	29

T

Taking behavior	获取行为	68、70、70~71
Theoretical saturation	理论饱和	29
Theorizing	理论化	29
Trustworthiness	值得信任	11、40
Trust asymmetry	信任不对称	105、106~107
Trust behavior	信任行为	57、57~61

Trust breeds trust	信任引发信任	22、68
Trust belief	信任信念	11
Trust betrayal	信任违背(统称)	15、15~18
Trust building	信任建立	4、11、11~13、13~14、19~21、40~43、57~61
Trust breaking	信任破裂	4、14、14~15、20~21、44~47、59~60
Trsut confirmation	信任确认	13~14、58~60
Trust intention	信任意向	11
Trust propensity	信任倾向	11~12、57、57~61、94、108
Trust violation	信任违背(情感)	14
Trust breach	信任违背(认知)	14
Trust repair	信任修复	4、17、17~18、20~21、47~49、60~61
U		
Uncertainty	不确定性	50、72
Unknown area	潜能区	70~71
V		
Volatility	易变性	50
W		
Wavelike	波浪式	4、121
Well-being	幸福感	67、84

参考文献
References

参考文献

艾炎，胡竹菁，2018. 推理判断中双重加工过程的协作与转换机制[J]. 心理科学进展，26(10)：1794-1806.

白云涛，2013. 信任构建中的领导力：科层与机制[M]. 厦门：厦门大学出版社.

陈晨，张昕，孙利平，等，2020. 信任以稀为贵？下属感知被信任如何以及何时导致反生产行为[J]. 心理学报，52(3)：329-344.

陈欢欢，温韫泽，胡云洋，等，2021. 自豪还是焦虑？感知上级信任的双刃剑效应研究[J]. 中国人力资源开发，38(1)：63-74.

陈明，唐梓翔，2023. 信任与共同体[M]. 北京：东方出版社.

陈欣，2019. 社会困境中的合作：信任的力量[M]. 北京：科学出版社.

池上新，2022. 制度抑或文化：中国患者信任的影响因素及其演变趋势[J]. 社会学研究，37(2)：137-160.

董才生，2021. 信任问题的社会学研究[M]. 北京：中国社会科学出版社.

段锦云，凌斌，欧琪雯，2019. 组织中的建议寻求行为：构念开发及目标导向前因和后果[J]. 管理学季刊，4(1)：73-96，101.

胡俞，2020. 人际信任论[M]. 北京：社会科学文献出版社.

华为人力资源委员会，2018. 华为公司人力资源管理纲要2.0总纲（公开讨论稿）[EB/OL].（2018-03-20）[2020-03-20］. https://xinsheng.huawei.com/cn/index.php?app=forum&mod=Detail&act=index&id=3813081.

黄心语，李晔，2024. 人机信任校准的双途径：信任抑制与信任提升[J]. 心理科学进展，32(3)：527-542.

刘晓婷，黄颖，李瑞婻，等，2021. 虚拟团队研究：特征、演化与趋势[J]. 现代情报，41(9)：144-156.

马华维，董晓茹，姚琦，2021. 员工感知被信任影响工作投入的心理机制：维度差异及理论比较[J]. 心理科学，44(6)：1476-1482.

齐亚强，张子馨，2022. 转型社会中的人际信任及其变迁[J]. 社会学评论，10(2)：124-144.

汪新建，吕小康，艾娟，等，2022. 医患信任关系建设的社会心理机制研究[M]. 北京：经济科学出版社.

王红丽，陈钧洛，李振，等，2022. 机器人拟人化的设计管理：现实与未来[J]. 清华管理评论（10）：25-35.

王红丽,张筌钧,2016. 被信任的代价:员工感知上级信任、角色负荷、工作压力与情绪耗竭的影响关系研究[J]. 管理世界(8):110-125,136,187-188.

王沛,梁雅君,李宇,等,2016. 特质认知和关系认知对人际信任的影响[J]. 心理科学进展,24(5):815-823.

王雁飞,郑立勋,郭子生,等,2021. 领导—下属关系图式一致性、信任与行为绩效:基于中国情境的实证研究[J]. 管理世界,37(7):162-181.

魏华飞,古继宝,张淑林,2020. 授权型领导影响知识型员工创新的信任机制[J]. 科研管理,41(4):103-111.

谢小云,左玉涵,胡琼晶,2021. 数字化时代的人力资源管理:基于人与技术交互的视角[J]. 管理世界,37(1):200-216.

徐尚昆,2021. 信任结构与信任重构论析[J]. 中国特色社会主义研究,3(1):71-79.

严瑜,吴霞,2016. 从信任违背到信任修复:道德情绪的作用机制[J]. 心理科学进展,24(4):633-642.

杨付,王婷,2019. 社会信息加工理论[M]//李超平,徐世勇. 管理与组织研究常用的60个理论. 北京:北京大学出版社:396-401.

杨宜音,2014. "自己人":信任建构过程的个案研究[M]//周怡. 我们信谁?关于信任模式与机制的社会科学探索. 北京:社会科学文献出版社:71-93.

袁博,董悦,李伟强,2017. 道歉在信任修复中的作用:来自元分析的证据[J]. 心理科学进展,25(7):1103-1113.

翟学伟,2022. 中国人的社会信任:关系向度上的考察[M]. 北京:商务印书馆.

翟学伟,薛天山,2014. 社会信任:理论及其应用[M]. 北京:中国人民大学出版社.

张忠,2022. 当代中国社会的人际信任特征与建设路径:基于第七波WVS数据的实证研究[J]. 浙江社会科学(2):59-69.

郑也夫,2015. 信任论[M]. 北京:中信出版社.

朱秋锦,张帆,钟年,2021. 亲亲为大,亲贤仍重:亲疏关系、人情取向对人际信任的影响[J]. 心理科学,44(6):1461-1468.

AINSWORTH S E, BAUMEISTER R F, ARIELY D, et al, 2014. Ego

depletion decreases trust in economic decision making[J]. Journal of Experimental Social Psychology, 54: 40-49.

ALEXIEV A S, JANSEN J J P, VAD DEN BOSCH F A J, et al, 2010. Top management team advice seeking and exploratory innovation: the moderating role of TMT heterogeneity[J]. Journal of Management Studies, 47(7): 1343-1364.

ALISON L, POWER N, VAN DEN HEUVEL C, et al, 2015. A taxonomy of endogenous and exogenous uncertainty in high-risk, high-impact contexts[J]. Journal of Applied Psychology, 100(4): 1309-1318.

ARON A, ARON E N, SMOLLAN D, 1992. Inclusion of other in the self scale and the structure of interpersonal closeness[J]. Journal of Personality and Social Psychology, 63(4): 596-612.

BAER M D, COLQUITT J A, 2018. Why do people trust? Moving toward a more comprehensive consideration of the antecedents of trust[M]// SEARLE R H, NIENABER A I, SITKIN S B. The Routledge Companion to Trust. New York: Taylor & Francis: 163-182.

BAER M D, DHENSA-KAHLON R K, COLQUITT J A, et al, 2015. Uneasy lies the head that bears the trust: the effects of feeling trusted on emotional exhaustion[J]. Academy of Management Journal, 58(6): 1637-1657.

BAER M D, FRANK E L, MATTA F K, et al, 2021. Under trusted, over trusted, or just right? The fairness of (in)congruence between trust wanted and trust received[J]. Academy of Management Journal, 64(1):180-206.

BAER M D, MATTA F K, KIM J K, et al, 2018. It's not you, it's them: social influences on trust propensity and trust dynamics[J]. Personnel Psychology, 71(3): 423-455.

BAER M D, SESSIONS H, WELSH D T, et al, 2022. Motivated to "roll the dice" on trust: the relationships between employees' daily motives, risk propensity, and trust[J]. Journal of Applied Psychology, 107(9):1561-1578.

BAER M D, van der WERFF L, COLQUITT J A, et al, 2018. Trusting the "look and feel": situational normality, situational aesthetics, and the perceived trustworthiness of organizations[J]. Academy of Management Journal,

61(5):1 718-1740.

BALLINGER G A, ROCKMANN K W, 2010. Chutes versus ladders: anchoring events and a punctuated-equilibrium perspective on social exchange relationships[J]. Academy of Management Review, 35(3): 373-391.

BAPNA R, QIU L, RICE S, 2017. Repeated interactions vs. social ties: quantifying the economic value of trust, forgiveness, and reputation using a field experiment[J]. Mis Quarterly, 41(3): 841-866.

BARGH J A, CHARTRAND T L, 2000. Studying the mind in the middle: a practical guide to priming and automaticity research[M]//REISHT, JUDDCM. Handbook of research methods in social and personality psychology. New York: Cambridge University Press: 253-285.

BARSADE S, O'NEILL O A, 2016. Manage your emotional culture[J]. Harvard Business Review, 94(1): 66-68.

BAUMEISTER R F, BRATSLAVSKY E, FINKENAUER C, et al, 2001. Bad is stronger than good[J]. Review of General Psychology, 5(4): 323-370.

BAUMEISTER R F, MURAVEN M, TICE D M, 2000. Ego depletion: a resource model of volition, self-regulation, and controlled processing[J]. Social Cognition, 18(2): 130-150.

BOTTOM W P, GIBSON K, DANIELS S E, et al, 2002. When talk is not cheap: substantive penance and expressions of intent in rebuilding cooperation[J]. Organization Science, 13(5): 497-513.

BRAUN S, PEUS C, WEISWEILER S, et al, 2013. Transformational leadership, job satisfaction, and team performance: a multilevel mediation model of trust[J]. The Leadership Quarterly, 24(1): 270-283.

BRIAN L C, T. R C, JAMES G C, et al, 2018. Competence- and integrity-based trust in interorganizational relationships: which matters more? [J]. Journal of Management, 44(3): 919-945.

BRISLIN R W, 1986. The wording and translation of research instruments[M]//Field methods in cross-cultural research. Beverly Hills, CA: Sage: 137-164.

BROOKS A W, DAI H, SCHWEITZER M E, 2014. I'm sorry about the rain! Superfluous apologies demonstrate empathic concern and increase trust[J]. Social Psychological and Personality Science, 5(4): 467-474.

BROWER H H, LESTER S W, KORSGAARD M A, et al, 2009. A closer look at trust between managers and subordinates: understanding the effects of both trusting and being trusted on subordinate outcomes[J]. Journal of Management, 35(2): 327-347.

BROWN J A, BUCHHOLTZ A K, DUNN P, 2016. Moral salience and the role of goodwill in firm-stakeholder trust repair[J]. Business Ethics Quarterly, 26(2): 181-199.

BUNKER D, 2020. Who do you trust? The digital destruction of shared situational awareness and the COVID-19 infodemic[J]. International Journal of Information Management, 55: 102201.

BUTLER J K, 1999. Trust expectations, information sharing, climate of trust, and negotiation effectiveness and efficiency[J]. Group & Organization Management, 24(2): 217-238.

BUTLER M H, HALL L G, YORGASON J B, 2013. The paradoxical relation of the expression of offense to forgiving: a survey of therapists' conceptualizations[J]. American Journal of Family Therapy, 41(5): 415-436.

CALDWELL C, 2009. Identity, self-awareness, and self-deception: ethical implications for leaders and organizations[J]. Journal of Business Ethics, 90(3): 393-406.

CALDWELL C, DAVIS B, DEVINE J, 2009. Trust, faith, and betrayal: insights from management for the wise believer[J]. Journal of Business Ethics, 84(1): 103-114.

CARTER M Z, MOSSHOLDER K W, 2015. Are we on the same page? The performance effects of congruence between supervisor and group trust[J]. Journal of Applied Psychology, 100(5): 1349-1363.

CAZA A, ZHANG G, WANG L, et al, 2015. How do you really feel? Effect of leaders' perceived emotional sincerity on followers' trust[J]. The Leadership Quarterly, 26(4): 518-531.

CHANDLER D E, KRAM K E, YIP J, 2011. An ecological systems perspective on mentoring at work: a review and future prospects[J]. Academy of Management Annals, 5(1): 519-570.

CHANGA J H, YANGB H, YEHC K, et al, 2016. Developing trust in close personal relationships: ethnic Chinese's experiences[J]. Journal of Trust Research, 6(2): 167-193.

CHARMAZ K, 2014. Constructing grounded theory [M]. London: SAGE.

CHATTOPADHYAY P, 1999. Beyond direct and symmetrical effects: the influence of demographic dissimilarity on organizational citizenship behavior[J]. Academy of Management Journal, 42(3): 273-287.

CHEN C C, SAPARITO P, BELKIN L, 2011. Responding to trust breaches: the domain specificity of trust and the role of affect[J]. Journal of Trust Research, 1(1): 85-106.

CHEUNG M F, WONG C, YUAN G Y, 2017. Why mutual trust leads to highest performance: the mediating role of psychological contract fulfillment[J]. Asia Pacific Journal of Human Resources, 55(4): 430-453.

CHIU C C, OWENS B P, TESLUK P E, 2016. Initiating and utilizing shared leadership in teams: the role of leader humility, team proactive personality, and team performance capability[J]. Journal of Applied Psychology, 101(12): 1705-1720.

CHRISTENSEN-SALEM A, ZANINI M T F, WALUMBWA F O, et al, 2021. Communal solidarity in extreme environments: the role of servant leadership and social resources in building serving culture and service performance[J]. Journal of Business Research, 135:829-839.

CHUA R Y J, INGRAM P, MORRIS M W, 2008. From the head and the heart: locating cognition- and affect-based trust in managers' professional networks[J]. Academy of Management Journal, 51(3):436-452.

CLARK M A, ROBERTSON M M, YOUNG S, 2019. "I feel your pain": a critical review of organizational research on empathy[J]. Journal of Organizational Behavior, 40(2): 166-192.

CLOUD H, 2016. The power of the other[M]. New York: Harper Business Press.

COLLINS C J, SMITH K G, 2006. Knowledge exchange and combination: the role of human resource practices in the performance of high-technology firms[J]. Academy of Management Journal, 49(3): 544-560.

COLQUITT J A, BAER M D, LONG D M, et al, 2014. Scale indicators of social exchange relationships: a comparison of relative content validity[J]. Journal of Applied Psychology, 99(4): 599-618.

COLQUITT J A, LEPINE J A, PICCOLO R F, et al, 2012. Explaining the justice-performance relationship: trust as exchange deepener or trust as uncertainty reducer? [J]. Journal of Applied Psychology, 97(1): 1-15.

COLQUITT J A, LEPINE J A, ZAPATA C P, et al, 2011. Trust in typical and high-reliability contexts: building and reacting to trust among firefighters[J]. Academy of Management Journal, 54(5): 999-1015.

COLQUITT J A, RODELL J B, 2011. Justice, trust, and trustworthiness: a longitudinal analysis integrating three theoretical perspectives[J]. Academy of Management Journal, 54(6): 1183-1206.

COLQUITT J A, SCOTT B A, LEPINE J A, 2007. Trust, trustworthiness, and trust propensity: a meta-analytic test of their unique relationships with risk taking and job performance[J]. Journal of Applied Psychology, 92(4): 909-927.

COLQUITT J A, SCOTT B A, RODELL J B, et al, 2013. Justice at the millennium, a decade later: a meta-analytic test of social exchange and affect-based perspectives[J]. Journal of Applied Psychology, 98(2): 199-236.

COOMBS W T, HOLLADAY S J, 2008. Comparing apology to equivalent crisis response strategies: clarifying apology's role and value in crisis communication[J]. Public Relations Review, 34(3): 252-257.

CORBIN J, STRAUSS A, 2015. Basics of qualitative research: techniques and procedures for developing grounded theory[M]. London: SAGE.

COSTA A C, FULMER C A, ANDERSON N R, 2018. Trust in work teams: an integrative review, multilevel model, and future directions[J].

Journal of Organizational Behavior, 39(2): 169-184.

COSTIGAN R D, INSINGA R, BERMAN J J, et al, 2013. The significance of direct-leader and co-worker trust on turnover intentions: a cross-cultural study[J]. Journal of Trust Research, 3(2): 98-124.

CRAWSHAW J R, GAME A, 2015. The role of line managers in employee career management: an attachment theory perspective[J]. International Journal of Human Resource Management, 26(9): 1182-1203.

CROPANZANO R, DASBOROUGH M T, WEISS H M, 2016. Affective events and the development of leader-member exchange[J]. Academy of Management Review, 42(2): 233-258.

DAI H, DIETVORST B J, TUCKFIELD B, et al, 2018. Quitting when the going gets tough: a downside of high performance expectations[J]. Academy of Management Journal, 61(5): 1667-1691.

DAMASIO A R, 2005. Descartes' error: emotion, reason, and the human brain[M]. London, UK: Penguin.

De CREMER D, DESMET P, 2012. How victims' motives influence the effect of apologies: a motivated trust-repair model[M]//Kramer R M, PITINSKY T L. Restoring Trust in Organizations and Leaders. New York: Oxford University Press: 241-256.

De CREMER D, van DIJKE M, BOS A E R, 2006. Leader's procedural justice affecting identification and trust[J]. Leadership & Organization Development Journal, 27(7): 554-565.

De JONG B A, DIRKS K T, 2012. Beyond shared perceptions of trust and monitoring in teams: implications of asymmetry and dissensus[J]. Journal of Applied Psychology, 97(2): 391-406.

De JONG B A, DIRKS K T, GILLESPIE N, 2016. Trust and team performance: a meta-analysis of main effects, moderators, and covariates[J]. Journal of Applied Psychology, 101(8): 1134-1150.

De JONG B A, GILLESPIE N, WILLIAMSON I, et al, 2021. Trust consensus within culturally diverse teams: a multistudy investigation[J]. Journal of Management, 47(8):2135-2168.

DENG H, COYLE-SHAPIRO J, YANG Q, 2018. Beyond reciprocity: a conservation of resources view on the effects of psychological contract violation on third parties[J]. Journal of Applied Psychology, 103(5): 561-577.

DERUE D S, ASHFORD S J, 2010. Who will lead and who will follow? A social process of leadership identity construction in organizations[J]. Academy of Management Review, 35(4): 627-647.

DIRKS K T, de JONG B A, 2022. Trust within the workplace: a review of two waves of research and a glimpse of the third[J]. Annual Review of Organizational Psychology and Organizational Behavior, 9(1): 247-276.

DIRKS K T, FERRIN D L, 2001. The role of trust in organizational settings[J]. Organization Science, 12(4): 450-467.

DIRKS K T, LEWICKI R J, ZAHEER A, 2009. Repairing relationships within and between organizations: building a conceptual foundation[J]. Academy of Management Review, 34(1): 68-84.

DOYLE J, in press. Fragile trust, stable mistrust: a theory of the formation and sustainability of social trust[J]. Social Psychology Quarterly.

DRESCHER M A, KORSGAARD M A, WELPE I M, et al, 2014. The dynamics of shared leadership: building trust and enhancing performance[J]. Journal of Applied Psychology, 99(5): 771-783.

DULAC T, COYLE-SHAPIRO J A, HENDERSON D J, et al, 2008. Not all responses to breach are the same: the interconnection of social exchange and psychological contract processes in organizations[J]. Academy of Management Journal, 51(6): 1079-1098.

EARLE T C, SIEGRIST M, 2006. Morality information, performance information, and the distinction between trust and confidence[J]. Journal of Applied Social Psychology, 36(2): 383-416.

EDELMAN, 2019. 2019 Edelman trust barometer[EB/OL]. (2019-01-20) [2020-03-20]. https://www.edelman.com/research/2019-edelman-trust-barometer.

EDWARDS J R, CABLE D M, 2009. The value of value congruence[J]. Journal of Applied Psychology, 94(3): 654-677.

EDWARDS J R, PARRY M E, 1993. On the use of polynomial regression equations as an alternative to difference scores in organizational research [J]. Academy of Management Journal, 36(6): 1577-1613.

EHRHARDT K, RAGINS B R, 2019. Relational attachment at work: a complementary fit perspective on the role of relationships in organizational life [J]. Academy of Management Journal, 62(1): 248-282.

EISENHARDT K M, GRAEBNER M E, 2007. Theory building from cases: opportunities and challenges[J]. Academy of Management Journal, 50(1): 25-32.

ELANGOVAN A R, AUER-RIZZI W, SZABO E, 2007. Why don't I trust you now? An attributional approach to erosion of trust[J]. Journal of Managerial Psychology, 22(1): 4-24.

ELANGOVAN A R, SHAPIRO D L, 1998. Betrayal of trust in organizations[J]. Academy of Management Review, 23(3): 547-566.

EPLEY N, GILOVICH T, 2005. When effortful thinking influences judgmental anchoring: differential effects of forewarning and incentives on self-generated and externally provided anchors[J]. Journal of Behavioral Decision Making, 18(3): 199-212.

ERIKSON E H, 1963. Childhood and society[M]. New York: W. W. Norton & Company.

EVANS J S B T, 2008. Dual-processing accounts of reasoning, judgment, and social cognition[J]. Annual Review of Psychology, 59: 255-278.

FALLON C K, PANGANIBAN A R, CHIU P, et al, 2017. The effects of a trust violation and trust repair in a distributed team decision-making task: exploring the affective component of trust[M]//GOOSSENS R. Advances in Intelligent Systems and Computing. Switzerland: Springer: 447-459.

FARRELL J, RABIN M, 1996. Cheap talk[J]. Journal of Economic Perspectives, 10(3): 103-118.

FEHR R, GELFAND M J, 2010. When apologies work: how matching apology components to victims' self-construals facilitates forgiveness[J]. Organizational Behavior and Human Decision Processes, 113(1): 37-50.

FERGUSON A J, PETERSON R S, 2015. Sinking slowly: diversity in propensity to trust predicts downward trust spirals in small groups[J]. Journal of Applied Psychology, 100(4): 1012-1024.

FERRIN D L, BLIGH M C, KOHLES J C, 2008. It takes two to tango: an interdependence analysis of the spiraling of perceived trustworthiness and cooperation in interpersonal and intergroup relationships[J]. Organizational Behavior and Human Decision Processes, 107(2): 161-178.

FERRIN D L, COOPER C D, DIRKS K T, et al, 2018. Heads will roll! Routes to effective trust repair in the aftermath of a CEO transgression[J]. Journal of Trust Research, 8(1): 7-30.

FERRIN D L, KIM P H, COOPER C D, et al, 2007. Silence speaks volumes: the effectiveness of reticence in comparison to apology and denial for responding to integrity- and competence-based trust violations[J]. Journal of Applied Psychology, 92(4): 893-908.

FISCHER P, GREITEMEYER T, FREY D, 2008. Self-regulation and selective exposure: the impact of depleted self-regulation resources on confirmatory information processing[J]. Journal of Personality and Social Psychology, 94(3): 382-395.

FISKE S T, MACRAE C N, 2012. The sage handbook of social cognition[M]. New York: SAGE Publications Ltd.

FITNESS J, 2001. Betrayal, rejection, revenge, and forgiveness: an interpersonal script approach[M]//LEARY M R. Interpersonal rejection. New York: Oxford University Press: 73-103.

FOULK T A, LANAJ K, TU M, et al, 2018. Heavy is the head that wears the crown: an actor-centric approach to daily psychological power, abusive leader behavior, and perceived incivility[J]. Academy of Management Journal, 61(2): 661-684.

FUKUYAMA F, 1996. Trust: the social virtues and the creation of prosperity[M]. New York: Free Press.

FULMER C A, GELFAND M J, 2013. How do I trust thee? Dynamic trust patterns and their individual and social contextual determinants[M]//

SYCARA K, GELFAND M, ABBE A. Models for Intercultural Collaboration and Negotiation. New York: Springer: 97－131.

FULMER C A, OSTROFF C, 2017. Trust in direct leaders and top leaders: a trickle-up model[J]. Journal of Applied Psychology, 102(4): 648－657.

GALINSKY A D, GRUENFELD D H, MAGEE J C, 2003. From power to action[J]. Journal of Personality and Social Psychology, 85(3): 453－466.

GALLUP, 2017. State of the global workplace[EB/OL]. (2017-10-17) [2020-03-20]. https://www.gallup.com/workplace/238079/state-global-workplace-2017.aspx.

GAMBETTA D, MORISI D, 2022. COVID-19 infection induces higher trust in strangers[J]. Proceedings of the National Academy of Sciences, 119(32): e2116818119.

GAO L, JANSSEN O, SHI K, 2011. Leader trust and employee voice: the moderating role of empowering leader behaviors[J]. The Leadership Quarterly, 22(4): 787－798.

GARCIA P R J M, BORDIA P, RESTUBOG S L D, et al, 2017. Sleeping with a broken promise: the moderating role of generativity concerns in the relationship between psychological contract breach and insomnia among older workers[J]. Journal of Organizational Behavior, 39(3): 326－338.

GERSICK C J G, DUTTON J E, BARTUNEK J M, 2000. Learning from academia: the importance of relationships in professional life[J]. Academy of Management Journal, 43(6): 1026－1044.

GIBSON K R, 2018. Can I tell you something? How disruptive self-disclosure changes who "we" are[J]. Academy of Management Review, 43(4): 570－589.

GILL C, CAZA A, 2018. An investigation of authentic leadership's individual and group influences on follower responses[J]. Journal of Management, 44(2): 530－554.

GILLESPIE N, 2017. Trust dynamics and repair: an interview with Roy Lewicki[J]. Journal of Trust Research, 7(2): 204－219.

GLASER B G, STRAUSS A L, 1967. The discovery of grounded theory

[M]. New York: Aldine.

GOLDSMITH D J, FITCH K, 2006. The normative context of advice as social support[J]. Human Communication Research, 23(4): 454-476.

GOOD D, 1988. Individuals, interpersonal relations, and trust[M]//Gambetta D. Trust: Making and Breaking Cooperative Relations. New York: Basil Blackwell: 31-48.

GRAEN G B, SCANDURA T A, 1987. Toward a psychology of dyadic organizing[J]. Research in Organizational Behavior, 9: 175-208.

GRANT A M, 2013. Give and take: a revolutionary approach to success[M]. New York: Viking.

GRANT A M, SUMANTH J J, 2009. Mission possible? The performance of prosocially motivated employees depends on manager trustworthiness[J]. Journal of Applied Psychology, 94(4): 927-944.

GRIEP Y, VANTILBORGH T, 2018. Reciprocal effects of psychological contract breach on counterproductive and organizational citizenship behaviors: the role of time[J]. Journal of Vocational Behavior, 104: 141-153.

GUNIA B C, BRETT J M, NANDKEOLYAR A K, et al, 2011. Paying a price: culture, trust, and negotiation consequences[J]. Journal of Applied Psychology, 96(4): 774-789.

HAESEVOETS T, De CREMER D, Van HIEL A, et al, 2018. Understanding the positive effect of financial compensation on trust after norm violations: evidence from fMRI in favor of forgiveness[J]. Journal of Applied Psychology, 103(5): 578-590.

HALBESLEBEN J R B, WHEELER A R, 2015. To invest or not? The role of coworker support and trust in daily reciprocal gain spirals of helping behavior[J]. Journal of Management, 41(6): 1628-1650.

HALL C C, ARISS L, TODOROV A, 2007. The illusion of knowledge: when more information reduces accuracy and increases confidence[J]. Organizational Behavior and Human Decision Processes, 103(2): 277-290.

HASELHUHN M P, SCHWEITZER M E, WOOD A M, 2010. How implicit beliefs influence trust recovery[J]. Psychological Science, 21(5): 645-648.

HAYS J C, WILLIAMS J R, 2011. Testing multiple motives in feedback seeking: the interaction of instrumentality and self protection motives[J]. Journal of Vocational Behavior, 79(2): 496-504.

HERIAN M N, 2013. Deconstructing public confidence in state courts [J]. Journal of Trust Research, 3(1): 11-31.

HEYDEN M L M, VAN DOORN S, REIMER M, et al, 2013. Perceived environmental dynamism, relative competitive performance, and top management team heterogeneity: examining correlates of upper echelons' advice-seeking[J]. Organization Studies, 34(9): 1327-1356.

HOFMANN D A, LEI Z, GRANT A M, 2009. Seeking help in the shadow of doubt: the sensemaking processes underlying how nurses decide whom to ask for advice[J]. Journal of Applied Psychology, 94(5): 1261-1274.

HOLLAND P, COOPER B, SHEEHAN C, 2017. Employee voice, supervisor support, and engagement: the mediating role of trust[J]. Human Resource Management, 56(6): 915-929.

HOUSE R J, HANGES P J, JAVIDAN M, et al, 2004. Culture, leadership, and organizations: the globe study of 62 societies[M]. Thousand Oaks: Sage.

HUANG K, YEOMANS M, BROOKS A W, et al, 2017. It doesn't hurt to ask: question-asking increases liking[J]. Journal of Personality and Social Psychology, 113(3): 430-452.

IKONEN M, SAVOLAINEN T, LOPEZ-FRESNO P, et al, 2016. Trust restoration in workplace relationships: multi-level analysis of (mis) trusting: Proceedings of the European Conference on Intellectual Capital, Venice, Italy[C]. Academic Conferences International Limited.

ITZCHAKOV G, UZIEL L, WOOD W, 2018. When attitudes and habits don't correspond: self-control depletion increases persuasion but not behavior[J]. Journal of Experimental Social Psychology, 75: 1-10.

JANSEN K J, KRISTOF-BROWN A L, 2005. Marching to the beat of a different drummer: examining the impact of pacing congruence[J]. Organizational Behavior and Human Decision Processes, 97(2): 93-105.

JENKINS S, DELBRIDGE R, 2017. Trusted to deceive: a case study of 'strategic deception' and the normalization of lying at work[J]. Organization Studies, 38(1): 53-76.

JONCZYK C D, LEE Y G, GALUNIC C D, et al, 2016. Relational changes during role transitions: the interplay of efficiency and cohesion[J]. Academy of Management Journal, 59(3): 956-982.

JONES G R, GEORGE J M, 1998. The experience and evolution of trust: implications for cooperation and teamwork[J]. Academy of Management Review, 23(3): 531-546.

JONES S L, SHAH P P, 2016. Diagnosing the locus of trust: a temporal perspective for trustor, trustee, and dyadic influences on perceived trustworthiness[J]. Journal of Applied Psychology, 101(3): 392-414.

KAHN W A, 2007. Meaningful connections: positive relationships and attachments at work[M]//DUTTON J E, RAGINS B R. Exploring positive relationships at work: Building a theoretical and research foundation. New York: Routledge:189-206.

KAHNEMAN D, 2011. Thinking, fast and slow[M]. New York, U.S.: Farrar Straus & Giroux.

KASTEN L, 2018. Trustful behaviour is meaningful behaviour: implications for theory on identification-based trusting relations[J]. Journal of Trust Research, 8(1): 103-119.

KAY A C, GAUCHER D, NAPIER J L, et al, 2008. God and the government: testing a compensatory control mechanism for the support of external systems[J]. Journal of Personality and Social Psychology, 95(1): 18-35.

KELLEY K M, BISEL R S, 2014. Leaders' narrative sensemaking during LMX role negotiations: explaining how leaders make sense of who to trust and when[J]. The Leadership Quarterly, 25(3): 433-448.

KIM P H, DIRKS K T, COOPER C D, et al, 2006. When more blame is better than less: The implications of internal vs. External attributions for the repair of trust after a competence- vs. Integrity-based trust violation[J]. Organizational Behavior and Human Decision Processes, 99(1): 49-65.

KIM P H, DIRKS K T, COOPER C D, 2009. The repair of trust: a dynamic bilateral perspective and multilevel conceptualization[J]. Academy of Management Review, 34(3): 401–422.

KIM P H, FERRIN D L, COOPER C D, et al, 2004. Removing the shadow of suspicion: the effects of apology versus denial for repairing competence- versus integrity-based trust violations[J]. Journal of Applied Psychology, 89(1): 104–118.

KIM T, WANG J, CHEN J, 2018. Mutual trust between leader and subordinate and employee outcomes[J]. Journal of Business Ethics, 149(4): 945–958.

KLUEMPER D H, TAYLOR S G, BOWLER W M, et al, 2019. How leaders perceive employee deviance: blaming victims while excusing favorites [J]. Journal of Applied Psychology, 104(7): 946–964.

KORSGAARD M A, 2018. Reciprocal trust: a self-reinforcing dynamic process[M]//SEARLE R H, NIENABER A I, SITKIN S B. The Routledge Companion to Trust. New York: Taylor & Francis:14–28.

KORSGAARD M A, BROWER H H, LESTER S W, 2015. It isn't always mutual: a critical review of dyadic trust[J]. Journal of Management, 41(1): 47–70.

KORSGAARD M A, KAUTZ J, BLIESE P, et al, 2018. Conceptualising time as a level of analysis: new directions in the analysis of trust dynamics [J]. Journal of Trust Research, 8(2): 142–165.

KRAMER R M, LEWICKI R J, 2010. Repairing and enhancing trust: approaches to reducing organizational trust deficits[J]. Academy of Management Annals, 4(1): 245–277.

KRAMER R M, PITTINSKY T L, 2012. Restoring trust in organizations and leaders[M]. New York: Oxford University Press.

KRAMER R M, TYLER T, 1996. Trust in organizations: frontiers of theory and research[M]. Thousand Oaks, California: Sage Publications.

KRUGLANSKI A W, THOMPSON E P, HIGGINS E T, et al, 2000. To "do the right thing" or to "just do it": locomotion and assessment as distinct self-regulatory imperatives[J]. Journal of Personality and Social Psychology, 79(5): 793-815.

LADEGARD G, GJERDE S, 2014. Leadership coaching, leader role-efficacy, and trust in subordinates. A mixed methods study assessing leadership coaching as a leadership development tool[J]. The Leadership Quarterly, 25(4): 631-646.

LAMERTZ K, BHAVE D P, 2017. Employee perceptions of organisational legitimacy as impersonal bases of organisational trustworthiness and trust[J]. Journal of Trust Research, 7(2): 129-149.

LANGLEY A, 1999. Strategies for theorizing from process data[J]. Academy of Management Review, 24(4): 691-710.

LANKAU M J, RIORDAN C M, THOMAS C H, 2005. The effects of similarity and liking in formal relationships between mentors and protégés[J]. Journal of Vocational Behavior, 67(2): 252-265.

LARSSON G, 2013. Trust in a military context: what contributes to trust in superior and subordinate leaders?[J]. Journal of Trust Research, 3(2): 125-145.

LAU D C, LAM L W, WEN S S, 2014. Examining the effects of feeling trusted by supervisors in the workplace: a self-evaluative perspective[J]. Journal of Organizational Behavior, 35(1): 112-127.

LAU D C, LIDEN R C, 2008. Antecedents of coworker trust: leaders' blessings[J]. Journal of Applied Psychology, 93(5): 1130-1138.

LEE A, WILLIS S, TIAN A W, 2018. Empowering leadership: a meta-analytic examination of incremental contribution, mediation, and moderation[J]. Journal of Organizational Behavior, 39(3): 306-325.

LEE P, GILLESPIE N, MANN L, et al, 2010. Leadership and trust: their effect on knowledge sharing and team performance[J]. Management Learning, 41(4): 473-491.

LEGOOD A, van der WERFF L, LEE A, et al, 2023. A critical review of the conceptualization, operationalization, and empirical literature on cognition-based and affect-based trust[J]. Journal of Management Studies, 60(2): 495-537.

LEVIN D Z, WHITENER E M, CROSS R, 2006. Perceived trustworthiness of knowledge sources: the moderating impact of relationship length[J]. Journal of Applied Psychology, 91(5): 1163 – 1171.

LEVINE E E, BITTERLY T B, COHEN T R, et al, 2018. Who is trustworthy? Predicting trustworthy intentions and behavior[J]. Journal of Personality and Social Psychology, 3(115): 468 – 494.

LEVINE E E, SCHWEITZER M E, 2015. Prosocial lies: when deception breeds trust[J]. Organizational Behavior and Human Decision Processes, 126: 88 – 106.

LEWICKI R J, BRINSFIELD C, 2017. Trust repair[J]. Annual Review of Organizational Psychology and Organizational Behavior, 4(1): 287 – 313.

LEWICKI R J, BUNKER B B, 1996. Developing and maintaining trust in work relationships[M]//KRAMER R M, TYLER T R. Trust in organizations: Frontiers of theory and research. Thousand Oaks: Sage Publications: 114 – 139.

LEWICKI R J, MCALLISTER D J, BIES R J, 1998. Trust and distrust: new relationships and realities[J]. Academy of Management Review, 23(3): 438 – 458.

LEWIS J D, WEIGERT A, 1985. Trust as a social reality[J]. Social Forces, 63(4): 967 – 985.

LI P P, 2012. When trust matters the most: the imperatives for contextualising trust research[J]. Journal of Trust Research, 2(2): 101 – 106.

LIAO L, 2008. Knowledge-sharing in R&D departments: a social power and social exchange theory perspective[J]. International Journal of Human Resource Management, 19(10): 1881 – 1895.

LIDEN R C, MASLYN J M, 1998. Multidimensionality of leader-member exchange: an empirical assessment through scale development[J]. Journal of Management, 24(1): 43 – 72.

LIN S J, JOHNSON R E, 2015. A suggestion to improve a day keeps your depletion away: examining promotive and prohibitive voice behaviors within a regulatory focus and ego depletion framework[J]. Journal of Applied Psychology, 100(5): 1381 – 1397.

LIOUKAS C S, REUER J J, 2015. Isolating trust outcomes from exchange relationships: social exchange and learning benefits of prior ties in alliances[J]. Academy of Management Journal, 58(6): 1826-1847.

LORD R G, de VADER C L, ALLIGER G M, 1986. A meta-analysis of the relation between personality traits and leadership perceptions: an application of validity generalization procedures[J]. Journal of Applied Psychology, 71(3): 402-410.

LOUNT JR. R B, ZHONG C, SIVANATHAN N, et al, 2008. Getting off on the wrong foot: the timing of a breach and the restoration of trust[J]. Personality and Social Psychology Bulletin, 34(12): 1601-1612.

LUFT J, INGHAM H, 1969. The Johari window: a graphic model of awareness in interpersonal relations[J]. Human Relations Training News, 5(1): 6-7.

LUHMANN N, 1979. Trust and power[M]. DAVIES H, RAFFAN J, ROONEY K. Chichester, England: John Wiley & Sons.

LUHMANN N, 1988. Familiarity, confidence, trust: problems and alternatives[M]//GAMBETTA D. Trust: Making and Breaking Cooperative Relations. New York: Basil Blackwell: 94-107.

LUMINEAU F, 2017. How contracts influence trust and distrust[J]. Journal of Management, 43(5): 1553-1577.

MA A, KAY A C, 2017. Compensatory control and ambiguity intolerance[J]. Organizational Behavior and Human Decision Processes, 140(5): 46-61.

MACKINNON A, JORM A F, CHRISTENSEN H, et al, 1999. A short form of the positive and negative affect schedule: evaluation of factorial validity and invariance across demographic variables in a community sample[J]. Personality and Individual Differences, 27(3): 405-416.

MARCH J G, 2010. The ambiguities of experience[M]. New York: Cornell University Press.

MARTIN R, THOMAS G, LEGOOD A, et al, 2018. Leader-member exchange (LMX) differentiation and work outcomes: conceptual clarification and critical review[J]. Journal of Organizational Behavior, 39(2): 151-168.

MARTON F, SÄLJÖR, 1976. On qualitative differences in learning: ⅰ—outcome and process[J]. British Journal of Educational Psychology, 46(1): 4-11.

MARTON F, SÄLJÖR, 1976. On qualitative differences in learning—ⅱ outcome as a function of the learner's conception of the task[J]. British Journal of Educational Psychology, 46(2): 115-127.

MASON M F, WILEY E A, AMES D R, 2018. From belief to deceit: how expectancies about others' ethics shape deception in negotiations[J]. Journal of Experimental Social Psychology, 76: 239-248.

MAYER R C, DAVIS J H, 1999. The effect of the performance appraisal system on trust for management: a field quasi-experiment[J]. Journal of Applied Psychology, 84(1): 123-136.

MAYER R C, DAVIS J H, SCHOORMAN F D, 1995. An integrative model of organizational trust[J]. Academy of Management Review, 20(3): 709-735.

MAYER R C, GAVIN M B, 2005. Trust in management and performance: who minds the shop while the employees watch the boss?[J]. Academy of Management Journal, 48(5): 874-888.

MCALLISTER D J, 1995. Affect-based and cognition-based trust as foundations for interpersonal cooperation in organizations[J]. Academy of Management Journal, 38(1): 24-59.

MCCARTHY M H, WOOD J V, HOLMES J G, 2017. Dispositional pathways to trust: self-esteem and agreeableness interact to predict trust and negative emotional disclosure[J]. Journal of Personality and Social Psychology, 113(1): 95-116.

MCCLEAN E J, MARTIN S R, EMICH K J, et al, 2018. The social consequences of voice: an examination of voice type and gender on status and subsequent leader emergence[J]. Academy of Management Journal, 61(5): 1869-1891.

MCEVILY B, 2011. Reorganizing the boundaries of trust: from discrete alternatives to hybrid forms[J]. Organization Science, 22(5): 1266-1276.

MCEVILY B, PERRONE V, ZAHEER A, 2003. Trust as an organizing principle[J]. Organization Science, 14(1): 91-103.

MCKNIGHT D H, CUMMINGS L L, CHERVANY N L, 1998. Initial trust formation in new organizational relationships[J]. Academy of Management Review, 23(3): 473-490.

MEAD G H, 1972. Mind, self, and society from the standpoint of a social behaviorist[M]. Chicago: University of Chicago Press.

MEYERSON D, WEICK K E, KRAMER R M, 1996. Swift trust and temporary groups[M]//KRAMER R M, TYLER T R. Trust in organizations: Frontiers of theory and research. Thousand Oaks: Sage Publications: 166-195.

MIKULINCER M, 1998a. Adult attachment style and affect regulation: strategic variations in self-appraisals[J]. Journal of Personality and Social Psychology, 75(2): 420-435.

MIKULINCER M, 1998b. Attachment working models and the sense of trust: an exploration of interaction goals and affect regulation[J]. Journal of Personality and Social Psychology, 74(5): 1209-1224.

MISHRA A K, MISHRA K E, 2012. Positive organizational scholarship and trust in leaders[M]//CAMERON K S, SPREITZER G M. The Oxford handbook of positive organizational scholarship. New York: Oxford University Press: 449-461.

MOK A, De CREMER D, 2015. Overlooking interpersonal hurt: a global processing style influences forgiveness in work relationships[J]. European Journal of Work and Organizational Psychology, 24(2): 267-278.

MOORMAN R, BROWER H H, GROVER S, 2018. Organizational citizenship behavior and trust: the double reinforcing spiral[M]//Podsakoff P M, MACKENZIE S B, PODSAKOFF N P. The Oxford handbook of organizational citizenship behavior. New York: Oxford University Press.

MUSSWEILER T, STRACK F, 1999. Hypothesis-consistent testing and semantic priming in the anchoring paradigm: a selective accessibility model [J]. Journal of Experimental Social Psychology, 35(2): 136-164.

MUTHÉN L K, MUTHÉN B O, 2015. Mplus user's guide[M]. Los Angeles: Muthén & Muthén.

MYERS C G, 2018. Coactive vicarious learning: toward a relational theory of vicarious learning in organizations[J]. Academy of Management Review, 43(4): 610-634.

NELSON A J, 2016. How to share"a really good secret": managing sharing/secrecy tensions around scientific knowledge disclosure[J]. Organization Science, 27(2): 265-285.

NEWMAN A, KIAZAD K, MIAO Q, et al, 2014. Examining the cognitive and affective trust-based mechanisms underlying the relationship between ethical leadership and organisational citizenship: a case of the head leading the heart? [J]. Journal of Business Ethics, 123(1) :113-123.

NEWMAN A, ROSE P S, TEO S T T, 2016. The role of participative leadership and trust-based mechanisms in eliciting intern performance: evidence from China[J]. Human Resource Management, 55(1): 53-67.

NG K, CHUA R Y J, 2006. Do I contribute more when I trust more? Differential effects of cognition- and affect-based trust[J]. Management and Organization Review, 2(1): 43-66.

NG T W H, LUCIANETTI L, 2016. Within-individual increases in innovative behavior and creative, persuasion, and change self-efficacy over time: a social-cognitive theory perspective[J]. Journal of Applied Psychology, 101(1): 14-34.

NIFADKAR S S, WU W, GU Q, 2019. Supervisors' work-related and nonwork information sharing: integrating research on information sharing, information seeking, and trust using self-disclosure theory[J]. Personnel Psychology, 72(2): 241-269.

OBODARU O, 2012. The self not taken: how alternative selves develop and how they influence our professional lives[J]. Academy of Management Review, 37(1): 34-57.

OLEKALNS M, SMITH P L, 2009. Mutually dependent: power, trust, affect and the use of deception in negotiation[J]. Journal of Business Ethics,

85(3): 347-365.

PABLO A L, REAY T, DEWALD J R, et al, 2007. Identifying, enabling and managing dynamic capabilities in the public sector[J]. Journal of Management Studies, 44(5): 687-708.

PAYNE G T, BRIGHAM K H, BROBERG J C, et al, 2011. Organizational virtue orientation and family firms[J]. Business Ethics Quarterly, 21(2): 257-285.

PFATTHEICHER S, BÖHM R, 2018. Honesty-humility under threat: self-uncertainty destroys trust among the nice guys[J]. Journal of Personality and Social Psychology, 114(1): 179-194.

PILLEMER J, ROTHBARD N P, 2018. Friends without benefits: understanding the dark sides of workplace friendship[J]. Academy of Management Review, 43(4): 635-660.

POLZER J T, CRISP C B, JARVENPAA S L, et al, 2006. Extending the faultline model to geographically dispersed teams: how colocated subgroups can impair group functioning[J]. Academy of Management Journal, 49(4): 679-692.

POON J M L, 2013. Effects of benevolence, integrity, and ability on trust-in-supervisor[J]. Employee Relations, 35(4): 396-407.

PRATT M G, LEPISTO D A, DANE E, 2019. The hidden side of trust: supporting and sustaining leaps of faith among firefighters[J]. Administrative Science Quarterly, 64(2): 398-434.

QIN X, HUANG M, JOHNSON R, et al, 2018. The short-lived benefits of abusive supervisory behavior for actors: an investigation of recovery and work engagement[J]. Academy of Management Journal, 61(5): 1951-1975.

QIU J, KESEBIR S, GÜNAYDIN G, et al, 2022. Gender differences in interpersonal trust: disclosure behavior, benevolence sensitivity and workplace implications[J]. Organizational Behavior and Human Decision Processes, 169: 104119.

REIS H T, ARON A, 2008. Love: what is it, why does it matter, and how does it operate? [J]. Perspectives on Psychological Science, 3(1): 80-86.

REZVANI A, CHANG A, WIEWIORA A, et al, 2016. Manager emotional intelligence and project success: the mediating role of job satisfaction and trust[J]. International Journal of Project Management, 34(7): 1112-1122.

ROBINSON S L, 1996. Trust and breach of the psychological contract [J]. Administrative Science Quarterly, 41(4): 574-599.

ROBINSON S L, ROUSSEAU D M, 1994. Violating the psychological contract: not the exception but the norm[J]. Journal of Organizational Behavior, 15(3): 245-259.

ROCKSTUHL T, DULEBOHN J H, ANG S, et al, 2012. Leader-member exchange (LMX) and culture: a meta-analysis of correlates of LMX across 23 countries[J]. Journal of Applied Psychology, 97(6): 1097-1130.

ROTHERS A, COHRS J C, 2023. What makes people feel respected? Toward an integrative psychology of social worth[J]. Psychological Review, 130(1):242-259.

ROTTER J B, 1971. Generalized expectancies for interpersonal trust[J]. American Psychologist, 26(5): 443-452.

ROUSSEAU D M, SITKIN S B, BURT R S, et al, 1998. Not so different after all: a cross-discipline view of trust[J]. Academy of Management Review, 23(3): 393-404.

SALANCIK G R, PFEFFER J, 1978. A social information processing approach to job attitudes and task design[J]. Administrative Science Quarterly, 23(2): 224-253.

SALANCIK G R, PFEFFER J, 1982. Who gets power and how they hold on to it: a strategic-contingency model of power[M]//TUSHMAN M L, MOORE W L. Readings in the Management of Innovation. Boston: Pitman.

SANDBERG S ,2012. A new metaphor for your career-Sheryl Sandberg gives HBS 2012 commencement address[R].

SCHAUBROECK J M, LAM S S K, PENG A C, 2011. Cognition-based and affect-based trust as mediators of leader behavior influences on team performance[J]. Journal of Applied Psychology, 96(4): 863-871.

SCHAUBROECK J M, PENG A C, HANNAH S T, 2013. Developing trust with peers and leaders: impacts on organizational identification and performance during entry[J]. Academy of Management Journal, 56(4): 1148-1168.

SCHILKE O, HUANG L, 2018. Worthy of swift trust? How brief interpersonal contact affects trust accuracy[J]. Journal of Applied Psychology, 103(11): 1181-1197.

SCHILKE O, REIMANN M, COOK K S, 2021. Trust in social relations[J]. Annual Review of Sociology, 47(1): 239-259.

SCHINOFF B S, ASHFORTH B E, CORLEY K G, 2020. Virtually (in)separable: the centrality of relational cadence in the formation of virtual multiplex relationships[J]. Academy of Management Journal, 63(5): 1395-1424.

SCHOORMAN F D, MAYER R C, DAVIS J H, 2007. An integrative model of organizational trust: past, present, and future[J]. Academy of Management Review, 32(2): 344-355.

SCHOORMAN F D, MAYER R C, DAVIS J H, 2016. Empowerment in veterinary clinics: the role of trust in delegation[J]. Journal of Trust Research, 6(1): 76-90.

SCHWEITZER M E, HERSHEY J C, BRADLOW E T, 2006. Promises and lies: restoring violated trust[J]. Organizational Behavior and Human Decision Processes, 101(1): 1-19.

SEARLE R H, NIENABER A I, SITKIN S B, 2018. The Routledge companion to trust[M]. New York: Taylor & Francis Group.

SEARLE R, WEIBEL A, Den HARTOG D N, 2011. Employee trust in organizational contexts[M]//HODGKINSON G P, FORD J K. International Review of Industrial and Organizational Psychology: 143-191.

SERVA M A, FULLER M A, MAYER R C, 2005. The reciprocal nature of trust: a longitudinal study of interacting teams[J]. Journal of Organizational Behavior, 26(6): 625-648.

SHAPIRO D L, BUTTNER E H, BARRY B, 1994. Explanations: what factors enhance their perceived adequacy?[J]. Organizational Behavior and Human Decision Processes, 58(3): 346-368.

SHAPIRO D L, SHEPPARD B H, CHERASKIN L, 1992. Business on

a handshake[J]. Negotiation Journal, 8(4): 365 – 377.

SHARMA K, SCHOORMAN F D, BALLINGER G A, 2023. How can it be made right again? A review of trust repair research[J]. Journal of Management, 49(1): 363 – 399.

SIMONS T, 2002. Behavioral integrity: the perceived alignment between managers' words and deeds as a research focus[J]. Organization Science, 13 (1): 18 – 35.

SITKIN S B, ROTH N L, 1993. Explaining the limited effectiveness of legalistic 'remedies' for trust/distrust[J]. Organization Science, 4(3): 367 – 392.

SMITH J A, FOTI R J, 1998. A pattern approach to the study of leader emergence[J]. The Leadership Quarterly, 9(2): 147 – 160.

SMITH L G E, GILLESPIE N, CALLAN V J, et al, 2017. Injunctive and descriptive logics during newcomer socialization: the impact on organizational identification, trustworthiness, and self-efficacy[J]. Journal of Organizational Behavior, 38(4): 487 – 511.

SMITH P K, TROPE Y, 2006. You focus on the forest when you're in charge of the trees: power priming and abstract information processing[J]. Journal of Personality and Social Psychology, 90(4): 578 – 596.

SNIEZEK J A, Van SWOL L M, 2001. Trust, confidence, and expertise in a judge-advisor system[J]. Organizational Behavior and Human Decision Processes, 84(2): 288 – 307.

SONG F, CADSBY C B, BI Y, 2012. Trust, reciprocity, and guanxi in China: an experimental investigation[J]. Management and Organization Review, 8(2): 397 – 422.

SRIVASTAVA A, BARTOL K M, LOCKE E A, 2006. Empowering leadership in management teams: effects on knowledge sharing, efficacy, and performance[J]. Academy of Management Journal, 49(6): 1239 – 1251.

STIGLIANI I, RAVASI D, 2012. Organizing thoughts and connecting brains: material practices and the transition from individual to group-level prospective sensemaking[J]. Academy of Management Journal, 55(5): 1232 – 1259.

STURM R E, VERA D, CROSSAN M, 2017. The entanglement of leader character and leader competence and its impact on performance[J]. The Leadership Quarterly, 28(3): 349-366.

SUDDABY R, 2006. From the editors: what grounded theory is not[J]. Academy of Management Journal, 49(4): 633-642.

THOMAS J, GRIFFIN R, 1983. The social information processing model of task design: a review of the literature[J]. Academy of Management Review, 8(4): 672-682.

TOMLINSON E C, DINEEN B R, LEWICKI R J, 2004. The road to reconciliation: antecedents of victim willingness to reconcile following a broken promise[J]. Journal of Management, 30(2): 165-187.

TOMLINSON E C, DINEEN B R, LEWICKI R J, 2009. Trust congruence among integrative negotiators as a predictor of joint-behavioral outcomes[J]. International Journal of Conflict Management, 20(2): 173-187.

TOMLINSON E C, MAYER R C, 2009. The role of causal attribution dimensions in trust repair[J]. Academy of Management Review, 34(1): 85-104.

TORRES A C, 2016. The uncertainty of high expectations: how principals influence relational trust and teacher turnover in no excuses charter schools[J]. Journal of School Leadership, 26(1): 61-91.

TOUBIANA M, ZIETSMA C, 2017. The message is on the wall? Emotions, social and the dynamics of institutional complexity[J]. Academy of Management Journal, 60(3): 922-953.

VAN DER WERFF L, BUCKLEY F, 2017. Getting to know you: a longitudinal examination of trust cues and trust development during socialization[J]. Journal of Management, 43(3): 742-770.

Van KLEEF G A, 2016. The interpersonal dynamics of emotion: toward an integrative theory of emotions as social information[M]. Cambridge: Cambridge University Press.

Van KNIPPENBERG D, 2018. Reconsidering affect-based trust: a new research agenda[M]//SEARLE R H, NIENABER A I, SITKIN S B. The Routledge Companion to Trust. New York: Taylor & Francis: 3-13.

VAN KNIPPENBERG D, VAN KLEEF G A, 2016. Leadership and affect: moving the hearts and minds of followers[J]. Academy of Management Annals, 10(1): 799-840.

WANG L, MURNIGHAN J K, 2017. The dynamics of punishment and trust[J]. Journal of Applied Psychology, 102(10): 1385-1402.

WANG L, RESTUBOG S, SHAO B, et al, 2018. Does anger expression help or harm leader effectiveness? The role of competence-based versus integrity-based violations and abusive supervision[J]. Academy of Management Journal, 61(3): 1050-1072.

WANG S, TOMLINSON E C, NOE R A, 2010. The role of mentor trust and protégé internal locus of control in formal mentoring relationships [J]. Journal of Applied Psychology, 95(2): 358-367.

WEBBER S S, 2008. Development of cognitive and affective trust in teams: a longitudinal study[J]. Small Group Research, 39(6): 746-769.

WEE E X M, LIAO H, LIU D, et al, 2017. Moving from abuse to reconciliation: a power-dependence perspective on when and how a follower can break the spiral of abuse[J]. Academy of Management Journal, 60(6): 2352-2380.

WHITENER E M, BRODT S E, KORSGAARD M A, et al, 1998. Managers as initiators of trust: an exchange relationship framework for understanding managerial trustworthy behavior[J]. Academy of Management Review, 23(3): 513-530.

WILLIAMS M, 2001. In whom we trust: group membership as an affective context for trust development[J]. Academy of Management Review, 26(3): 377-396.

WUJEC T. The marshmallow challenge[EB/OL]. (2010-02-26)[2020-03-20]. https://marshmallowchallenge.com/TED_Talk.html.

YAKOVLEVA M, REILLY R R, WERKO R, 2010. Why do we trust? Moving beyond individual to dyadic perceptions[J]. Journal of Applied Psychology, 95(1): 79-91.

YAM K C, CHRISTIAN M S, WEI W, et al, 2018. The mixed blessing of leader sense of humor: examining costs and benefits[J]. Academy of Management Journal, 61(1): 348 – 369.

YANG J, MOSSHOLDER K W, 2010. Examining the effects of trust in leaders: a bases-and-foci approach[J]. The Leadership Quarterly, 21(1): 50 – 63.

YANG J, MOSSHOLDER K W, PENG T K, 2009. Supervisory procedural justice effects: the mediating roles of cognitive and affective trust[J]. The Leadership Quarterly, 20(2): 143 – 154.

YAO J, ZHANG Z, BRETT J M, 2017. Understanding trust development in negotiations: an interdependent approach[J]. Journal of Organizational Behavior, 38(5): 712 – 729.

YAO Q M, BAKER L T, LOHRKE F T, 2022. Building and sustaining trust in remote work by platform-dependent entrepreneurs on digital labor platforms: toward an integrative framework[J]. Journal of Business Research, 149: 327 – 339.

ZALESNY M D, FORD J K, 1990. Extending the social information processing perspective: new links to attitudes, behaviors, and perceptions[J]. Organizational Behavior and Human Decision Processes, 47(2): 205 – 246.

ZAND D E, 1972. Trust and managerial problem solving[J]. Administrative Science Quarterly, 17(2): 229 – 239.

ZAND D E, 1997. The leadership triad: knowledge, trust, and power [M]. New York: Oxford University Press.

ZAND D E, 2016. Reflections on trust and trust research: then and now [J]. Journal of Trust Research, 6(1): 63 – 73.

ZAROLIA P, WEISBUCH M, MCRAE K, 2017. Influence of indirect information on interpersonal trust despite direct information[J]. Journal of Personality and Social Psychology, 112(1): 39 – 57.

ZHANG J, LIU L A, LIU W, 2015. Trust and deception in negotiation: culturally divergent effects[J]. Management and Organization Review, 11(1): 123 – 144.

ZHANG S, HSEE C K, YU X, 2018. Small economic losses lower total compensation for victims of emotional losses[J]. Organizational Behavior and Human Decision Processes, 144: 1 – 10.

ZHANG Z, WANG M, SHI J, 2012. Leader-follower congruence in proactive personality and work outcomes: the mediating role of leader-member exchange[J]. Academy of Management Journal, 55(1): 111-130.

ZHENG X, DIAZ I, ZHENG X, et al, 2017. From deep-level similarity to taking charge: the moderating role of face consciousness and managerial competency of inclusion[J]. Leadership & Organization Development Journal, 38(1): 89-104.

ZHU W, NEWMAN A, MIAO Q, et al, 2013. Revisiting the mediating role of trust in transformational leadership effects: do different types of trust make a difference? [J]. The Leadership Quarterly, 24(1): 94-105.

ZLATEV J J, 2019. I may not agree with you, but I trust you: caring about social issues signals integrity[J]. Psychological Science, 30(6): 880-892.